우리가 지켜 온 소중한 기억
우리나라 세계기록유산

우리가 지켜 온 소중한 기억
우리나라 세계기록유산

초판 1쇄 발행 | 2017년 4월 5일
초판 3쇄 발행 | 2021년 1월 20일

글쓴이 | 한미경
그린이 | 윤유리
펴낸이 | 조미현

책임편집 | 황정원
디자인 | 씨오디 Color of Dream

펴낸곳 | (주)현암사
등록 | 1951년 12월 24일 · 제10-126호
주소 | 04029 서울시 마포구 동교로12안길 35
전화 | 02-365-5051 · 팩스 | 02-313-2729
전자우편 | child@hyeonamsa.com
홈페이지 | www.hyeonamsa.com
페이스북 | www.facebook.com/hyeonami
블로그 | blog.naver.com/hyeonamsa

ⓒ 한미경, 윤유리, 2017

ISBN 978-89-323-7444-4 73900

* 이 도서의 국립중앙도서관 출판시도서목록(CIP)은 e-CIP 홈페이지(http://www.nl.go.kr/ecip)와 국가자료공동목록시스템(http://www.nl.go.kr/kolisnet)에서 이용하실 수 있습니다.
  (CIP제어번호 : CIP2017006415)
* 이 책은 저작권법에 따라 보호를 받는 저작물이므로 저작권자와 출판사의 허락 없이 이 책의 내용을 복제하거나 다른 용도로 쓸 수 없습니다.
* 책값은 뒤표지에 있습니다. 잘못된 책은 바꾸어 드립니다.
* 현암주니어는 (주)현암사의 아동 브랜드입니다.

KC	제조명 도서	전화 02-365-5051
	제조년월 2021년 1월	제조국명 대한민국
	제조자명 (주)현암사	사용연령 9세 이상
	주소 서울시 마포구 동교로12안길 35	
	주의사항 책 모서리에 부딪히거나 종이에 베이지 않도록 주의해 주세요.	
	*KC마크는 이 제품이 공통안전기준에 적합하였음을 의미합니다.	

우리가 지켜 온 소중한 기억

우리나라 세계 기록유산

글 | 한미경　그림 | 윤유리

현암주니어

 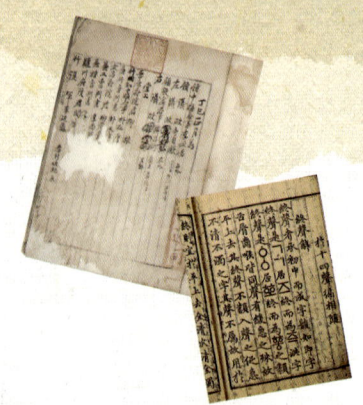

머리말

　책장 앞을 서성이며 시간을 보낼 때가 있어. 책등에 업힌 제목을 죽 훑다가 눈이 머무는 데가 있으면 책을 꺼내 보기도 하지. 한번은 책 사이에 끼어 있던 공책이 딸려 나왔어.
　세상에나, 그건 육아 일기였어. 아무리 찾아도 안 보여서 잃어버린 줄로만 알았거든. 그런데 생각지도 않은 데서 나온 거야.
　육아 일기에는 아이의 일상이 빼곡히 들어 있었어. 젖 먹고 트림한 일부터 밤에 깨어 보챈 일까지 다 적혀 있었지. 똥 얘기는 또 얼마나 자주 나오게? 색깔이며 굳기까지, 별별 이야기가 다 있었어.
　"엄마, 뭐 하세요?"
　생각에 잠겨 아이가 곁에 온 것도 몰랐어. 아이는 육아 일기를 보더니 눈을 빛냈어. 일기를 넘기면서 '어머, 어머!' 소리도 내고, 낄낄 웃기도 했지. 그러더니 말없이 나를 안아 줬어. 시시한 일상이었지만 가슴이 뭉클했나 봐. 육아 일기 덕분에 우리는 특별한 시간을 여행했어.
　세상에는 수많은 기록이 있어. 어떤 기록은 개인뿐만 아니라 모둠에도 중요해. 기록한 사람이 사는 지역을 뛰어넘어 인류 전체에 두루 가치가 있는 기록도 있어. 세상 사람들은 널리 중요한 기록, 독특하며, 다른 걸로

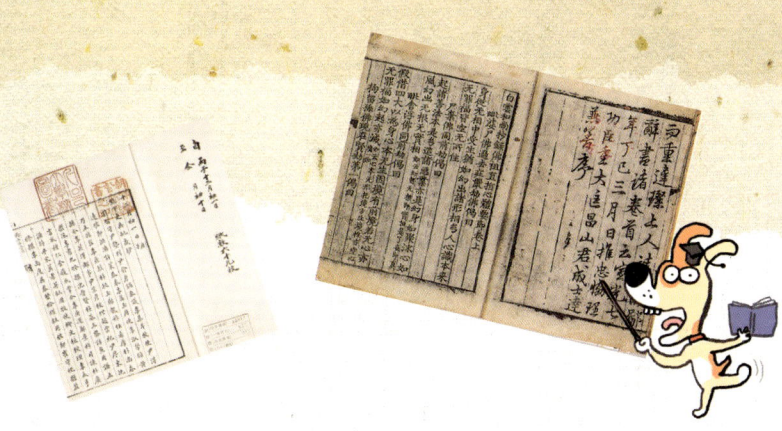

 대신할 수 없는 기록, 귀한 기록을 가려 뽑아 '세계기록유산'으로 정해.
 세계기록유산이 그리 익숙한 말은 아닐 거야. '세계유산' 하면 문화유산, 자연유산, 이런 게 떠오를 텐데, 기록 유산 역시 소중한 유산이야. 유네스코(국제연합 교육과학문화기구)에서는 1992년부터 세계기록유산(Memory of the World) 사업을 시작했어. 아프리카 탄자니아에 사는 사람도, 북아메리카 알래스카에 사는 사람도, 아시아 작은 나라에 사는 사람도 다 같이 세계기록유산을 즐길 수 있게 도우려는 거지. 또 기록 유산을 잘 보호하여 후손에게 물려주려는 거야.
 대한민국은 기록의 나라라고 해도 지나친 말이 아니야. 세상에서 가장 긴 역사 이야기도 있고, 세상에서 유일한 문자 설명서도 있어. 아름답고 행복한 순간의 기록이 있는가 하면 애달프고 안타까운 순간의 기록도 있지. 조상들은 특별한 정성과 노력을 들여서 귀한 기록 유산을 우리에게 물려주었어.
 기록을 살피다 보면 기록에 알록달록 색깔이 있는 것처럼 보여. 과거의 박제된 이야기를 생생히 살아나게 색칠해 주거든. 우리나라 수원화성은 고달픈 때를 겪으면서 성곽이 무너진 곳이 있었어. 그런데 지금은 원래의

　모습을 찾게 됐지. 성을 어떻게 지었는지 꼼꼼하고 자세하게 설명하는 기록이 있었던 거야.
　왕실의 혼례나 왕의 행차 같은 역사적 행사도 옛 모습 그대로 다시 해 볼 수 있어. 준비 과정, 절차, 이미지 등 모든 것을 알려 주는 기록이 있으니까.
　우리나라는 오랫동안 기록 문화를 앞장서서 이끌어 왔어. 2016년에는 서울에서 세계기록총회도 열렸지. 백여 나라, 2천여 명이 모여 연구한 것을 발표하고 생각을 나눈 거야. 기록이 얼마나 중요한지를 더 많은 사람들에게 알리는 방법도 얘기하고, 디지털 기록을 어떻게 관리할지 머리를 맞대고 고민도 했어.
　지구촌 전체로 볼 때 세계기록유산은 2016년 현재 348건이야. 그중에서 우리나라의 13건을 여기에 소개하려고 해. 우리나라 기록 유산으로 세계기록유산에 가장 먼저 이름을 올린 『조선왕조실록』과 『훈민정음해례본』부터 최근의 유교책판까지 세계기록유산으로 등재된 순서대로 살펴볼 거야. 2016~2017년에 심사를 신청한 기록 유산도 부록에 간단하게 담았어.

우리 조상들은 기록을 바르고 공평하게 남기려고 목숨을 걸기도 했어. 그 기록을 지켜 내기 위해 지혜를 모으고 땀은 또 얼마나 흘렸는지 몰라.
기록이 대체 무엇이기에 이렇게 소중하게 여기는 걸까? 기록에는 어떤 뜻이 담겨 있고, 어떤 가치가 있기에 세상 사람들이 나서서 보호하는 걸까? 『우리나라 세계기록유산』을 읽으면서 이런 궁금증이 풀리기를 바라. 기록의 신기한 힘에 놀라는 사이 꿈틀거리는 역사 여행도 덤으로 즐기길 바라.

알록달록 기록이 있는 바로 그곳에서
2017.
한미경

 차례

머리말 • 4

1 세상에서 가장 긴 역사책, **조선왕조실록** • 11

2 한글 설명서, **훈민정음해례본** • 37

3 가장 오래된 금속 활자 책, **불조직지심체요절** • 51

4 2억 4천 자의 기록, **승정원일기** • 67

5 나라를 지켜 주세요, **고려 대장경판 및 여러 경판** • 83

6 기록 문화의 꽃, **조선 왕조 의궤** • 95

7 현대에도 통하는 조선 시대 의학 백과사전, **동의보감** • 105

8 독재는 안 돼요, **1980년 인권 기록 유산 5.18 민주화 운동 기록물** •115

9 하루를 반성하는 왕의 일기, **일성록** •121

10 임진왜란의 역사적인 기록, **이순신 장군의 난중일기** •129

11 다 함께 영차영차, **새마을운동 기록물** •137

12 KBS 특별 생방송 이산가족 찾기 •143

13 나라의 길잡이, **유교책판** •149

부록 •157

참고한 자료 •170

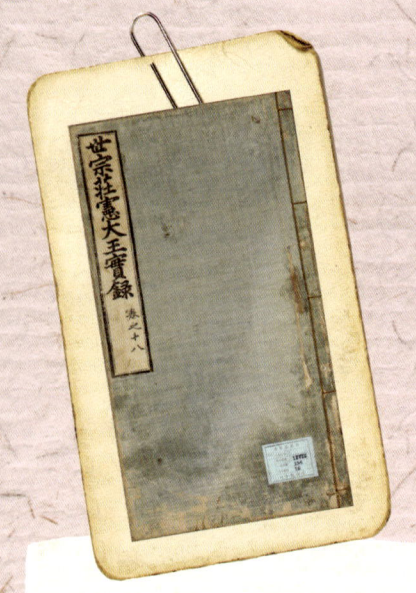

조선은 왕조가 처음 세워진 때부터 왕조의 이야기를 매일 기록했어. 제1대 태조부터 제25대 철종 임금까지 472년 동안의 역사를 생생하게 써 놓았지. 『조선왕조실록』은 세계에서 가장 많은 이야기를 담고 있어. 5백여 년 조선의 역사뿐만 아니라 당시 이웃 나라의 형편까지 말이야. 기록의 양도 어마어마하지만, 무엇보다 기록하는 방식이 까다롭고 엄했기 때문에 믿을 만한 역사책으로 손꼽혀. 실록 내용에는 아무리 높은 벼슬아치라도, 심지어 왕조차도 끼어들 수 없었으니까.

실록을 만드는 데는 학식이 높은 학자들이 다 함께 힘을 기울였고, 나라에서도 여러 가지 방법으로 도왔어. 나라 살림이 어려울 때도 실록 만드는 일은 멈추지 않았을 정도야. 전쟁이 났을 때나 난리가 났을 때도 실록을 지키려고 온갖 지혜와 땀을 모았어. 실록을 소중히 여긴 선조들 덕분에 이 위대한 유산은 지금까지 온전하게 전해 내려와.

1장
세상에서 가장 긴 역사책, 조선왕조실록

숨길 수 없는 이야기

"아무한테도 말하지 마."

좀 창피한 일을 들켰을 때나 비밀스러운 이야기를 털어놓을 때 우리는 이렇게 말해. 그러면 비밀이 지켜질까? 대부분은, 아무한테도 말하지 말라는 그 말까지 다 퍼지던걸. 다행히도 사람들이 수군대는 비밀은 시간이 지나면 다 잊혀진다는 거야. 그런데 수백 년이 지나도 토씨 하나 다르지 않게 전해지는 말이 있어.

지금부터 6백여 년 전에 있었던 일이야. 조선의 제3대 임금, 태종이 왕의 자리에 오른 지 4년이 된 때였어. 태종은 말을 달려 사냥을 나갔어. 마침 노루가 있어 활을 쏘려는데 말이 거꾸러진 거야. 태종은 말에서 떨어지고 말았어. 다행히도 다친 곳은 없었지. 그런데 태종은 말에서 떨어진 게 부끄러웠나 봐. 얼른 주위를 살피고는 신하에게 이렇게 말했어.

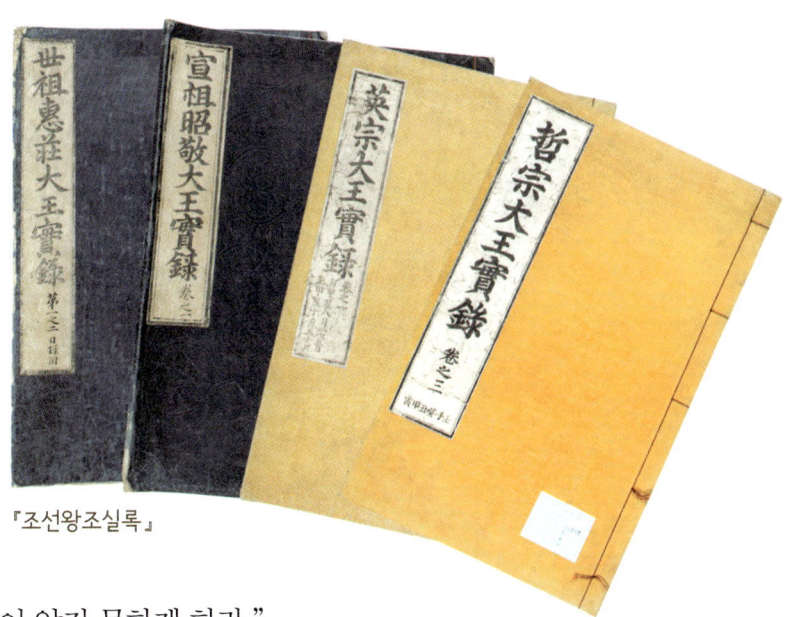

『조선왕조실록』

"사관이 알지 못하게 하라."

분명히 명령을 했는데, 이 말이 지금까지 전해져. 어찌된 일일까?

역사를 기록하는 사관이 보고 들은 걸 그대로 기록했기 때문이야. 왕의 말을 듣지 않으면 벌을 받을까 봐 무서웠을 텐데, 사실을 그대로 쓴 사관의 용기가 대단해.

조선 시대에는 이렇게 왕의 일상생활을 사실 그대로 기록했어. 그래서 이 기록은 중요한 역사책이 되었지. 조선 왕조는 제1대에서 제25대에 이르는 472년, 17만 2천여 일 동안 일어난 일을 차례대로 기록해 놓았어. 이게『조선왕조실록』이야. 년도 순서대로 편찬했다고 해서 '편년체 기록'이라고 불러.

『조선왕조실록』은 지금까지 2천여 책*이 살아 남았어. 오랜 세월 동안 풍부한 내용을 믿을 만하게 담은 역사책으로 단연코 세계 으뜸이야. 이 많은 기록에 정치는 물론이고, 경제, 외교, 법률, 천문, 의약, 예술, 종교, 사회, 문화, 인물, 풍습 등 여러 내용이 담겨 있지. 오늘날 연구를 좋아하는 사람들은『조선왕조실록』을 가지고 여러 가지를 살펴. 실제로 언어학,

* **책** | 같은 제목으로 묶을 책의 분량이 많아 여러 묶음으로 묶었을 때 세는 단위야. 어떤 책을 두 묶음으로 묶으면 2책이라고 말했어.

『일본삼대실록』

조경학, 법학, 정치외교학, 자연자원관리, 산림자원학, 지구과학, 그리고 문헌 교류와 인쇄 등을 연구한 학자들이 있어.

조선 시대에만 실록을 만든 건 아니야. 고려 시대에도 있었어. 고려 때는 1부만 만들었는데, 외적이 쳐들어왔을 때 다 타 버렸지 뭐야. 이 뼈아픈 일을 겪은 뒤에 조선은 실록을 여러 부 만들어 나라 곳곳에 보관하는 지혜를 얻었어.

중국도 오래 전부터 실록을 만들었는데, 왕조 전체의 기록이 그대로 전해 내려온 것으로는 명나라의 『명실록』과 청나라의 『청실록』밖에 없어. 이들이 권 수로 따지면 『조선왕조실록』보다 더 많아. 하지만 전체 글자 수로 보면 『조선왕조실록』의 몇 분의 일밖에 안 돼. 또 내용을 많이 고쳐서 믿을 만하지도 않아. 일본에도 실록이 있긴 하지만 삼 대 왕의 기록을 다룬 『일본삼대실록』이 있을 뿐이어서, 세계기록유산으로 선정되기에는 전체 양이나 내용이 많이 부족해.

실록은 조선의 생활 이야기 모음 ①

『조선왕조실록』에는 딱딱한 이야기만 나오는 게 아니야. 사건, 사고 같은 생활사도 많이 나와. 예를 들어 조선에 처음 온 코끼리 얘기를 들어 봐.

태종 때 일본에서 코끼리를 바쳤어. 그런데 정3품 벼슬을 지냈던 이우라는 사람이 이 코끼리한테 밟혀 죽는 일이 생겼지. 이우는 코끼리가 신기하게 생겼다는 소문을 듣고 직접 보러 갔어. 그런데 이우 눈에는 코끼리 꼴이 아주 추하게 보였던지 침까지 뱉어 가며 코끼리를 비웃다 사고를 당한 거야.

이 사건은 코끼리가 조선에 온 지 1년 8개월 만의 일이야. 그 뒤로 일 년이 채 안 되어 또 한 사람이 사고를 당했어.

이제 사람들은 코끼리를 부담스럽게 여기게 됐어. 먹는 양도 어찌나 많은지 하루에 콩을 네댓 말이나 먹었대. 한 말이 18리터 정도니 네댓 말이면 70~90리터나 되는 거야. 말을 관리하던 관청인 사복시에서 감당하기 어려웠지.

조선에서는 고민 끝에 코끼리를 전라도 작은 섬으로 보냈어. 그런데 이번에는 코끼리가 통 먹질 않는 거야. 해초를 먹이로 줬는데 입에 맞질 않았나 봐. 사람을 보면 눈물까지 흘렸어.

이를 불쌍히 여긴 사람들은 코끼리를 다시 뭍으로 데려왔어. 그런데 먹는 게 어마어마하니, 한곳에서 키우기에는 곳간이 남아나질 않는 거야. 사람도 먹을 게 귀한 때였으니 사정이 더 힘들었겠지. 그래서 세종(조선 제4대 왕) 때에는 전라도, 충청도, 경상도에서 돌아 가며 키웠다는 기록이 나와.

그런데 코끼리가 충청도에 있을 때 코끼리를 기르던 사람이 또 코끼리 발에 채여서 죽었어. 『세종실록』에 보면 충청도 관찰사가 이렇게 하소연을 해.

"먹이는 꼴과 콩이 다른 짐승의 열 배나 됩니다. 하루에 먹는 게 쌀 두 말에 콩이 한 말이나 되니, 일 년에 소비되는 쌀이 48섬이며, 콩이 24섬입니다. 화를 내면 사람을 해치는 데다, 이익은 없고 도리어 해가 되고 있으니, 바다 섬 가운데 있는 목장에 내놓으소서."

그러자 세종은 이렇게 답을 해.

"물과 풀이 좋은 곳을 가려서 코끼리를 내어놓고, 병들어 죽지 말게 하라."

6백여 년 전의 이야기가 이리도 생생하게 전해 내려오다니 기록의 힘에 새삼 놀라게 돼.

그 뒤로는 실록에 코끼리 이야기가 나오지 않아. 그저 탈 없이 살다 갔기를 바랄 수밖에. 그런데 『세종실록』에 특이한 그림이 있어. 왕실의 제사에 쓰는 커다란 술통에 코끼리 문양이 나오는 거야. 이 그림의 모델이 혹시 그 코끼리가 아닐까 짐작해 볼 뿐이야.

『세종실록』 128권, 제사에 쓰는 그릇의 그림 설명에서

제사에 쓰는 커다란 술통이 상준이야. 상준에는 보통 소나 양의 그림이 나와. 그런데 코끼리를 그려 넣은 걸 보면 사람들이 코끼리를 중요하게 생각했나 봐.

실록은 조선의 생활 이야기 모음 ②

요즘에는 유에프오(UFO: Unidentified Flying Object, 정체를 알 수 없는 비행 물체)라고 부르는 '화광' 이야기가 실록에 여러 차례 나와. 그중에서도 『광해군일기』에 강원 감사가 보고하는 내용을 봐.

"푸른 하늘에 쨍쨍하게 태양이 비쳤고, 사방에는 한 점의 구름도 없었는데, 우레 소리가 나면서 북쪽에서 남쪽으로 향해 갈 즈음에 사람들이 모두 우러러보니, 푸른 하늘에서 연기처럼 생긴 것이 두 곳에서 조금씩 나왔습니다. 모양은 햇무리와 같았고 움직이다가 한참 만에 멈추었으며, 우레 소리가 마치 북소리처럼 났습니다."

이것은 강원도 속초 위에 있는 간성(현재의 고성) 지방 이야기야. 그런데 이런 화광이 강릉에서도 보였다는 거야.

"해가 환하고 맑았는데, 갑자기 어떤 물건이 하늘에 나타나 작은 소리를 냈습니다. 생긴 것은 큰 호리병과 같은데 위는 뾰족하고 아래는 컸으며, 하늘 한가운데서부터 북쪽을 향하면서 마치 땅에 떨어질 듯하였습니다. 아래로 떨어질 때 그 형상이 점차 커져 3, 4장˚(丈) 정도였는데, 그 색은 매우 붉었고, 지나간 곳에는 연이어 흰 기운이 생겼다가 한참 만에 사라졌습니다. 이것이 사라진 뒤에는 천둥소리가 들렸는데, 그 소리가 천지를 울렸습니다."

강원도 양양에서도 이런 일이 있었다고 해.

"품관˚의 집 뜰 가운데 처마 아래의 땅 위에서 갑자기 세숫대야처럼 생긴 둥

- **장** | 10척과 같은 길이로 1척은 30.3cm야. 그러니까 3, 4장은 9~12m 정도 되는 거야.
- **품관** | 조선 시대, 품계(정1품~종9품)가 있는 관원을 통틀어 이르던 말이야.

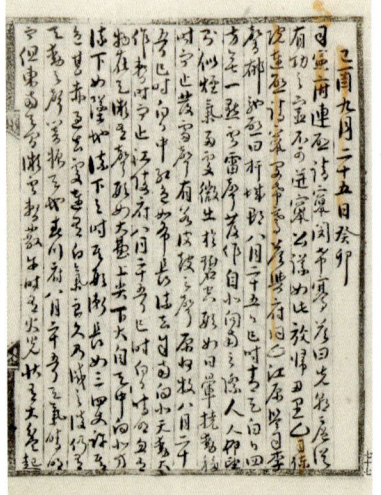

『광해군일기』
20권에 실린 화광 이야기 부분

글고 빛나는 것이 나타나, 처음에는 땅에 내릴 듯하더니 곧 1장 정도 굽어 올라갔는데, 마치 어떤 기운이 공중에 뜨는 것 같았습니다. 크기는 한 아름 정도이고 길이는 베 옷감 반 필 정도였는데, 동쪽은 백색이고 중앙은 푸르게 빛났으며 서쪽은 적색이었습니다. 쳐다보니, 마치 무지개처럼 둥그렇게 도는데, 모습은 깃발을 말아 놓은 것 같았습니다. 반쯤 공중에 올라가더니 온통 적색이 되었는데, 위의 머리는 뾰족하고 아래 뿌리 쪽은 자른 듯하였습니다. 곧바로 하늘 한가운데서 약간 북쪽으로 올라가더니 흰 구름으로 변하여 선명하고 보기 좋았습니다. 이어 하늘에 붙은 것처럼 날아 움직여 하늘에 부딪칠 듯 끼어들면서 마치 기운을 토해 내는 듯하였습니다. 그런데 갑자기 또 가운데가 끊어져 두 조각이 되더니, 한 조각은 동남쪽을 향해 1장 정도 가다가 연기처럼 사라졌고, 한 조각은 본래의 곳에 떠 있었는데, 형체는 마치 베로 만든 방석과 같았습니다. 조금 뒤에 우레 소리가 몇 번 나더니, 끝내는 돌이 구르고 북을 치는 것 같은 소리가 그 속에서 나다가 한참 만에 그쳤습니다. 이때 하늘은 청명하고, 사방에는 한 점의 구름도 없었습니다."

이런 일이 원주, 춘천에도 있었다는데, 이게 모두 1609년 8월 25일(음력) 하루에 있었던 일이야.

실록은 조선의 생활 이야기 모음 ③

이번엔 장금이 얘기를 들어 봐. 방송 드라마 '대장금'의 주인공, 장금이가 실제로 『조선왕조실록』 중 『중종실록』에 나오거든. 그런데 드라마에 나오는 것처럼 음식 만드는 이는 아니고 의녀 장금이라고 적혀 있어. 중종의 말을 들어 봐.

"내가 여러 달 병을 앓다가 이제야 거의 회복이 되었으니, 약방제조와 의원들에게 상을 주지 않을 수 없다. (중간 생략) 의녀 장금과 계금에게는 쌀과 콩을 각각 15석씩, 면 옷감과 베 옷감을 각각 10필씩 내리고, (중간 생략) 상을 내려라."

장금이 덕분에 몸이 좋아졌으니 상을 준다는 거야. 그런데 『중종실록』 52권(중종 19년)부터는 '의녀 장금이'를 '의녀 대장금'으로 부르고 있어.

"의녀 대장금(大長今)의 의술이 그 무리 중에서 조금 나으므로 (뒤에 생략)"

실록에는 장금이에 대해 이와 같은 식의 기록이 몇 번 더 나와. 이 기록을 보고 영감을 얻은 작가는 상상력을 동원하여 장금이를 주인공으로 허구의 이야기를 쓸 수 있었을 거야. 그냥 허구의 인물을 만들어 내는 것보다 실록에 나오는 사람을 빌어 이야기를 만들면 사람들은 훨씬 더 관심을 갖고 보게 돼. 그러니까 수많은 이야기가 들어 있는 『조선왕조실록』은 작가에게 영감의 샘이기도 하지.

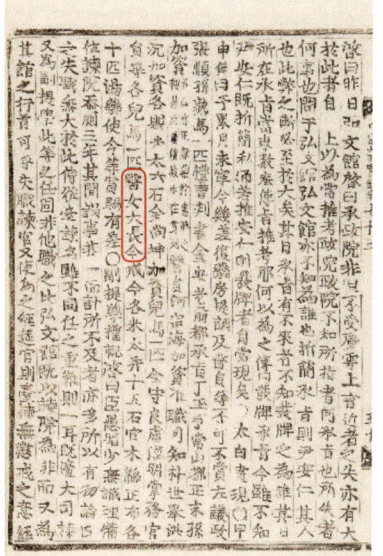

의녀 대장금에 대한 이야기가 실린 『중종실록』

• **약방제조** | 임금에게 올리는 약을 감독하는 관리야.

이크, 벌금!

실록을 만들려면 사관이 사초를 만들어야 해. 사관은 역사를 기록하는 관리이고, 사초는 사관이 적은 역사 기록의 자료가 되는 원고야. 사관은 왕의 옆을 지키고 앉아 나라 정치에 관한 모든 일을 적어. 오직 이런 일만 전부 맡아서 하는 전임 사관이 있었고, 다른 벼슬과 겸해서 맡는 겸임 사관이 있었어.

조선 시대 전임 사관은 8명이었다고 해. 이들은 교대로 왕의 곁을 지키며 기록했지. 집에 가서도 자신의 기억을 더듬어 다 적지 못한 것은 더 보태고, 인물에 대한 역사적 평가 같은 자신의 의견을 적어서 그 기록을 집에 보관했어. 이런 걸 '가장사초'라고 불러. 사관의 집에 보관하던 가장사초는 실록을 만들 때 실록청에 내는 거야. 중간에 사관이 죽으면 사관의 가족이 대신 보관하다가 실록청에 내는 게 규칙이었어. 만약 사초를 내지 않거나 잃어버리면 벌금을 내야 했지. 사초를 잃어버린 자손은 벼슬길이 막힐 정도로 무겁게 다뤘어.

사실 이런 벌은 아무것도 아니야. 사초를 훔치거나, 썼던 걸 지우거나, 남에게 말하는 자는 목을 베는 벌을 내렸을 정도니까. 이런 엄격한 법 아래서도 지금까지 전해지는 사초가 있어. 그 덕에 우리는 사초를 볼 수 있게 되었지.

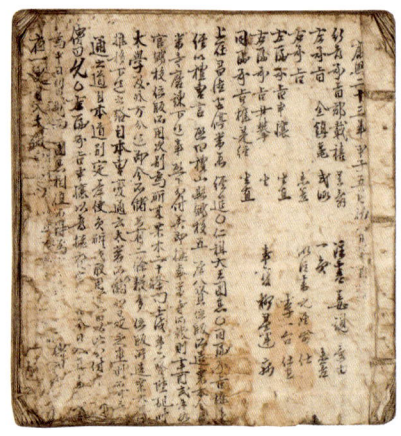
『승정원일기』의 가장사초

인조 때 사관 정태제가 기록한 사초

실록을 만들 때는

사초만 보고 실록을 만들었을까? 아니야. 사초 말고도 서울과 지방 관청에서 한 일을 보고한 여러 가지 자료를 비교해서 봤어. 왕과 관리들의 말과 행동, 사건, 사고 등 당시의 기록을 담당하던 춘추관에서 만든 『춘추관일기』, 당시 국가 최고 기관이던 의정부에서 만든 『의정부등록』, 국방의 일을 논의하던 비변사에서 만든 『비변사등록』, 궁중의 의약을 맡은 관청이던 내의원의 기록인 『내의원일기』, 국왕의 비서 기관인 승정원에서 쓴 『승정원일기』 등의 자료 말이야. 이들은 해마다 책으로 만들어서 관청, 의정부, 사고에서 보관했어. 그러다가 왕이 죽고 실록을 만드는 실록청이 세워지면 모든 자료를 참고하여 실록에 들어갈 내용을 편집하는 거야.

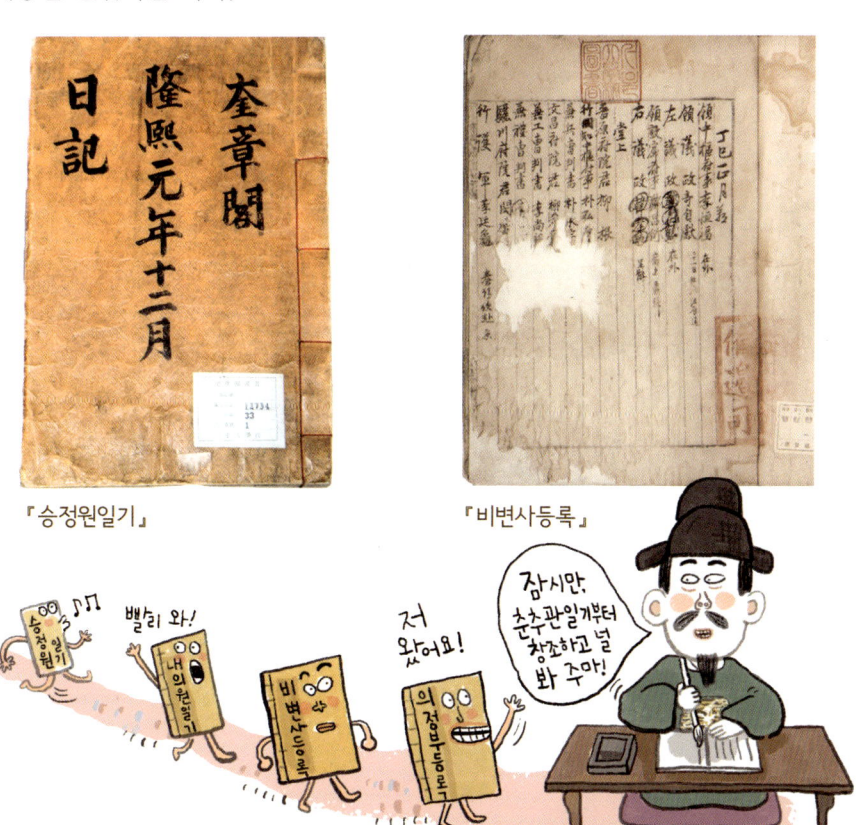

『승정원일기』   『비변사등록』

사관은 스토커?

　　태종 임금은 어디를 가나 사관이 따라오는 게 신경이 쓰였나 봐. 임금이 쉬는 편전의 뜰까지 사관이 들어오자 불편한 마음을 드러냈어.

"사관이 (편전까지) 어찌 들어왔는가?"

사관이 대답했어.

"(편전이라 해도) 사관이 들어오지 못한다면 대신들이 일을 아뢰는 것과 경연에서 강론하는 것을 어떻게 다 기록하겠습니까?"

"이곳은 내가 편히 있는 곳이니 들어오지 않는 것이 맞다. 비록 궐 밖에 있더라도 어찌 내 말을 듣지 못하겠는가?"

왕이 사관에게 나가라는 뜻을 분명하게 표시한 건데, 사관은 지지 않고 말했어.

"신이 만일 곧게 쓰지 않는다면 위에 하늘이 있습니다."

이 말은 하늘이 위에서 내려다보고 있으니 무슨 일이 있어도 보고 들은 것을 바르게 써야 한다는 뜻이야. 사관은 이렇게 왕에게 맞설 수 있는 용기가 필요했어.

　　사관은 얼굴을 가리고 사냥에 따라다니기도 하고, 병풍 뒤에서 엿듣기도 했어. 아무리 왕이 못마땅하게 여기고, 무어라고 나무라도, 사관들은 꿋꿋하게 왕의 곁을 따라다니며 보고 들은 것을 그대로 기록했지. 올곧게 써서 속이거나 숨김이 없어야 하는 게 실록의 생명이니까.

왜 실록을 만들었을까?

태종은 임금이 된 지 얼마 안 되어 신하들에게 물은 적이 있어.
"어제 사관이 사냥하는 곳에 따라온 것은 무슨 까닭인가?"
그러자 신하들이 입을 모아 대답했어.
"사관의 직책은 시시각각 정치 일을 기록하는 것인데, 하물며 군주이신 전하의 움직임이야 당연히 기록해야 하지 않겠습니까?"

여기에 한 신하가 덧붙였어.

"군주는 구중궁궐에 계셔서 날이 갈수록 마음이 풀어지고 게으른 마음이 생기니, 그것을 누가 감히 말릴 수 있겠습니까? 그러므로 군주는 오직 하늘과 역사의 기록을 두려워해야 합니다."

다시 태종이 물었어.

"왜 그런가?"

"하늘은 형상이 없으나 착한 것은 복을 주고 나쁜 것은 벌을 줍니다. 역사의 기록은 좋고 나쁜 것과 행동의 잘잘못을 그대로 쓰기 때문에 두려운 것입니다. 게다가 역사의 기록은 후손이 절대 고쳐 쓸 수 없으니 두려운 일이 아닙니까?"

이를 들은 왕은 그렇다고 인정했어. 만약 사관이 곁에 오지 못한다 해도 다른 신하들이 왕의 모든 말과 행동을 기록한다는 것까지 알게 되자 왕은 모든 걸 더욱 공손히 하고 조심했겠지?

조선은 왕이 마음대로 힘을 휘두르지 못하도록 억누른 나라야. 아무리 왕이라 하더라도 한 사람이 아주 큰 힘을 갖는 것은 좋지 않다고 여겼거든. 왕의 모든 행동이 실록으로 기록된다는 사실은 힘을 함부로 휘두르지 못하게 하는 데 큰 역할을 했을 거야.

사관이 쓴 사초는 아무리 힘이 센 왕이라 해도 볼 수 없었어. 사초의 비밀을 보장하여 사관이 마음 놓고 사초를 적을 수 있도록 법으로 만들었거든. 바로 이런 점 때문에 『조선왕조실록』이 지금까지도 가치를 인정받는 거야.

그런데 사초를 강제로 본 왕이 있어. 바로 조선의 제10대 임금, 연산군이야. 살아서 마음대로 힘을 휘둘러서 사초를 강제로 내어 보더니, 결국 왕의 이름을 빼앗기고 군으로 남았어.

예종(조선 제8대 왕) 때 민수라는 사관은 사초를 지우고 고친 죄로 곤장 100대와 노비가 되는 벌을 받았어. 민수는 대신들의 잘못을 사초에 많이 기록했는데, 자기의 이름을 밝히게 되자 마음이 편치 않았나 봐. 혹시라도 나중에 알려지면 원망을 살 수 있으니까. 그게 두려워서 사초를 지우고 고쳤다가 탄로가 나서 하루아침에 노비 신세가 되었지. 사실 사초를 고친 것은 더 큰 벌을 받아야 하는 죄야. 그런데 민수가 외동아들임을 눈물로 아뢰자 예종은 민수의 목숨만은 살려 줬어.

　원래 『조선왕조실록』의 원본은 한자로 씌어 있어. 그걸 읽을 수 있는 사람은 요즘 시대에 많지 않아. 그래서 전문가 3천여 명이 25년 동안 노력하여 한글로 번역을 했어. 그걸 디지털 자료로 만들어서 공개했지. 이제 한글을 아는 사람이라면 누구나 언제 어디서라도 『조선왕조실록』을 온라인으로 찾아볼 수 있어. 당시의 동아시아 관계 역사를 연구하고 싶은 사람, 조선의 문화 아이콘을 알고 싶은 사람, 그 외에 어떤 것이라도 조선 시대와 관계가 있는 것이 궁금한 사람은 온라인 『조선왕조실록』을 일단 펼쳐 봐. 무궁무진한 이야기는 찾아보는 사람이 주인이야.

조선왕조실록 홈페이지

실록은 어떻게 살아남았을까?

조선의 소중한 역사책, 실록이 지금까지 전해지고 있는 것은 우연일까? 그렇지 않아. 실록을 보존하기 위해 조상들이 얼마나 노력했는지 알면 탄성이 절로 나와.

왕이 죽으면 실록청이라는 기관이 세워지고, 실록청에서는 사초와 시정기를 바탕으로 원고를 써. 최초 원고인 초초, 중간 원고인 중초, 마지막 원고인 정초의 단계에 따라 만들지. 초초, 중초를 거쳐 정초를 만들고 나면 인쇄를 위해 반듯한 글씨로 깨끗하게 다시 써야 해. 이걸 가지고 각 사고에 보관할 사본을 만드는 거야. 태조, 정종, 태종까지 3대 왕의 실록은 베껴 써서 사본을 만들었고, 『세종실록』부터는 금속 활자로 인쇄를 했어.

실록이 완성되면 함부로 열 수 없도록 춘추관에서 단단히 붙여 봉합했어. 처음에는 2부를 봉합하여 서울의 춘추관과 충청도 충주의 사고에 1부씩 보관했지.

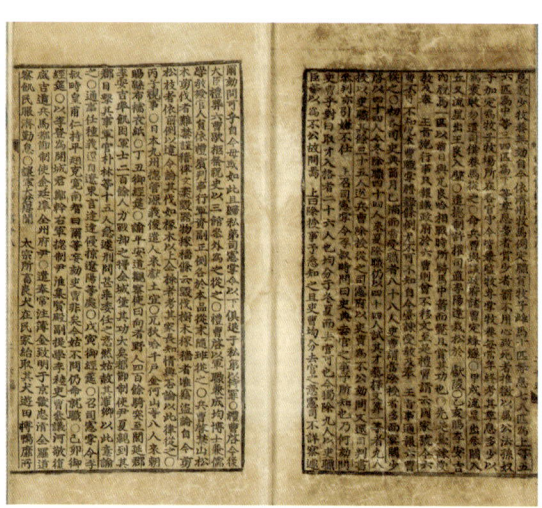

베껴 써 사본을 만든 『태조실록』   금속 활자로 인쇄해 사본을 만든 『세종실록』

세종대에 이르러 경상도 성주와 전라도 전주에 사고를 더 만들었어. 당연히 실록도 2부씩 더 만들었지. 왜 같은 실록을 네 군데나 보관했을까? 불이 나거나 전쟁이 나면 잃어버릴 수 있잖아. 고려 시대에 1부만 만들어서 사라지고 만 걸 교훈으로 잘 새긴 거야.

실제로 세조(조선 제7대 왕) 때 성주 사고에 불이 나서 실록이 불에 타 버렸어. 그래서 불에 탄 성주 사고를 손보아 고치고, 춘추관에 있는 사고를 베껴서 다시 성주 사고에 보관했지. 또 임진왜란(1592년 일본의 침입) 때는 네 군데 사고가 다 피해를 입었어. 그런데 전주 사고를 맡은 관리와 주위의 선비, 안의와 손홍록이 실록을 미리 옮겨 놓았어. 난리 통에 실록이 화를 입을 걸 염려하여 내장산 암자로 옮긴 거야. 실록은 크기가 크기도 하거니와 표지도 두껍고 튼튼하여 한 권의 무게가 얼마나 무거운지 몰라. 그걸 다 옮겼다니 정말 대단한 정성과 노력이야. 그 덕에 실록이 살아남았어.

조선에서는 살아남은 전주본을 바탕으로 다시 실록을 출판했어. 춘추관을 비롯해 강화도 마니산 사고, 평안도 영변의 묘향산 사고, 경상도 봉화의 태백산 사고, 강원도 평창의 오대산에 사고를 새로 만들고, 새 실록을 다시 보관했지.

큰 도읍에 있던 사고를 산속으로 옮긴 것은 아무래도 더 안전하기 때문일 거야. 사관이 실록을 점검하러 다니기는 힘이 들었겠지만, 역사의 기록을 보호하고 후손에게 전해야 한다는 신념 덕분에 할 수 있었을 거야.

이후에 북쪽 오랑캐의 침입에 대비하여 묘향산 사고 대신에 전라도 무주의 적상산에 새로 사고를 지었어. 마니산 사고도 병자호란(1636년 청나라의 침입)으로 크게 피해를 입어 강화도 정족산에 새 사고를 지었지. 그러니까 춘추관, 태백산, 오대산, 정족산, 적상산, 이렇게 다섯 군데 사고에 보관하게 된 거야. 이 중 춘추관 사고는 16세기에 난이 있었을 때 크게

오대산 사고본인 『중종대왕실록』

망가졌고, 나머지는 조선이 끝날 때까지 보존됐어.

그런데 일제 강점기라는 위기가 또 기다리고 있었지. 조선총독부는 네 군데 사고를 모두 맡았어. 정족산 사고와 태백산 사고의 실록은 경성제국대학 도서관으로 옮기고, 적상산 사고본은 창경궁 장서각으로, 오대산 사고본은 1913년에 동경제국대학으로 갖고 나갔어. 오대산 사고본을 갖고 간 것은 동해 뱃길 쪽으로 옮기기가 쉬웠기 때문일 거야.

일제가 물러가고 광복이 되자 정족산 사고본은 서울대학교 도서관에서 관리하다가 지금은 규장각이 독립적으로 관리하기에 이르렀지.

이토록 『조선왕조실록』은 우여곡절을 겪었지만 네다섯 부를 만들어 각

오대산 사고지

지에 흩어서 보관한 덕분에 거친 세월에도 살아남았어. 이들 정족산본과 태백산본 『조선왕조실록』은 디지털 자료로도 만들어서 이제 집에서 컴퓨터로 볼 수 있고, 거리에서 핸드폰으로도 볼 수 있게 된 거야.

『조선왕조실록』을 보관했던 사고지

'조선왕조실록'이라는 실록은 없다?

　실록은 수천 권에 이르지만 '조선왕조실록'이라는 제목을 한 실록은 한 권도 없어. 조선의 25대 왕들의 실록이 있다면서 무슨 말일까? 태조대왕의 실록은 정식 이름이 『태조강헌대왕실록』, 세종대왕의 실록은 『세종장헌대왕실록』이야. 이렇게 왕 25명에 대한 각각의 실록에 이름이 있어. 이들 왕이 조선의 왕조를 이루었기 때문에 합쳐서 '조선왕조실록'이라고 부르는 거야.

　그런데 책 이름이 모두 실록으로 끝나지는 않아. 어떤 경우엔 '일기'라고 불러. 광해군(조선 제15대 왕)이나 연산군처럼 왕의 호칭을 빼앗긴 경우에는 '일기'라는 이름을 붙였어. 그래서 『광해군일기』, 『연산군일기』로 전해지고 있지.

　또 조선의 마지막 임금인 고종(조선 제26대 왕)과 순종(조선 제27대 왕) 때의 『고종태황제실록』과 『순종황제실록』은 세계기록유산으로는 인정을 못 받아. 일제가 나라를 강제로 점령한 때여서 일본인들이 미주알고주알 간섭을 하면서 마음대로 꾸며 썼거든. 그동안 믿을 만한 방식으로 만들던 것과는 차이가 많이 나지. 그러니 기록 유산으로서의 가치가 떨어진다고 여기는 거야.

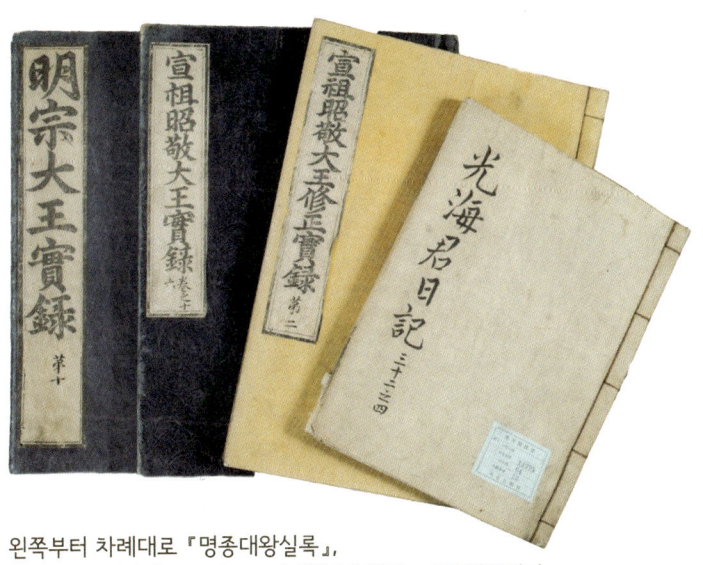

왼쪽부터 차례대로 『명종대왕실록』,
『선조소경대왕실록』, 『선조소경대왕수정실록』, 『광해군일기』

왕이나 높은 자리의 사람이 욕설을 했다면?

 교양이 있는 사람도 감정에 휘둘리게 되면 말을 함부로 할 때가 있어. 왕이나 높은 벼슬자리 신하들도 욕설을 할 때가 있었을 거야. 사관은 보고 들은 것을 그대로 쓴다고 했는데 과연 그들은 어떻게 썼을까?

 실록에 보면 '흉참한 말', '입에 담을 수 없는 말', '차마 듣지 못할 말' 같은 식으로 표현한 데가 있어. 이건 험한 욕설을 사관이 돌려서 기록한 걸로 짐작할 수 있지.

다 쓴 사초를 말끔히 씻어 내는 세초

세초를 했던 세검정 개천과
종이를 만들던 관청인 조지서(1906~7년 모습)

실록의 자료인 사초나 시정기는 국가의 기밀 자료라서 바깥으로 새어 나가면 안 돼. 그래서 실록을 완성한 다음에는 실록의 자료로 쓴 사초와 시정기는 흔적도 남지 않게 없앴지.

요즘은 중요한 문서를 없애는 방법으로 문서 세단기라는 기계를 써서 종이를 잘게 자르지만, 옛날에는 종이를 흐르는 물에 담갔어. 그러면 글씨를 쓴 먹물이 물에 녹아 모든 자료를 지울 수 있거든. 이걸 '세초'라고 불러. 손이나 얼굴을 씻는 게 세수라면, 사초를 씻는 게 세초야. 세초는 지금 서울의 종로구 평창동에 있는 세검정에서 했어. 세초를 한 뒤에는 나라에서 잔치를 열어 주어 그동안 애를 쓴 관리들이 쉬면서 함께 즐겼지.

책에 빛과 바람을 쐬어 주는 포쇄

책을 한곳에만 두면 곰팡이가 슬고, 좀도 슬 수 있어. 가끔 꺼내서 빛과 바람을 쐬어 줘야 해. 세종 때는 3년에 한 번씩 실록에 바람을 쐬어 주는 '포쇄'를 법으로 정했어. 3, 4월 중 따뜻한 날이나, 장마 뒤에 햇볕이 잘 드는 8, 9월에 날을 잡아서 했지. 이때는 서울에서 전임 사관이 출장을 가서 감독을 했어. 바람을 다 쐬고 나면 상자에 담는데, 기름 먹인 종이를 6장 붙인 포대 9개로 책을 씌웠지. 책과 책 사이에는 최고급 종이를 2장씩 포개 넣었어. 이 상자를 붉은 보자기로 또 싸고, 기름종이로 덮는 거야. 병충해를 막으려고 창포 같은 약재를 넣기도 했지. 이 작업이 다 끝나면 언제 어떻게 바람을 쐬었는지 '형지안'이라는 문서에 자세하게 적었어. 바람을 쐴 때뿐만 아니라 어떤 이유에서건 실록을 꺼내 본 경우에는 형지안을 써야 해. 참으로 기록의 나라다운 일이야.

숙종(조선 제19대 왕) 때 사관, 신정하는 개인 문집『서암집』에 포쇄 다녀온 것을 기록으로 남기기도 했어. 「태백일기」라는 기행문과 「포서」라는 아름다운 시야.

또 고종 때이기는 하지만 박정양이라는 사관은 『박학사포쇄일기』에서 전라도 적상산 사고와 경상도 태백산 사고에서 포쇄한 걸 기록으로 남겼어. 전주시에서는 이를 바탕으로 옛날 방식의 포쇄를 그대로 따라하는 행사를 몇 번 했지. 임진왜란 때에도 『조선왕조실록』을 온전히 지켜 낸 전주 사고의 정신을 되새기려는 거야.

"나는 임금의 조서를 받들고
가을 바람에 말을 달려왔네.
두 번 절한 뒤 손수 자물쇠를 열고서
연선대 가에서 포쇄를 하네.
귀한 상자 서른여섯 개를 내놓으니
해가 하늘 중앙에 이르렀네.
지나는 바람에 때로 함께 책장을 열고
날아가던 새가 갑자기 책에 그림자를 남기네.
때때로 서적 가운데서 시시비비를
스스로 깨닫네."

포쇄를 기록한 시 「포서」

실록에는 왕의 기록만 있을까?

실록의 기초가 되는 사초는 왕이 왕의 자리에 올라간 이후에 일어난 사실만을 기록하고 있어. 그 기록 갖고는 왕이 되기 전의 일은 알 수가 없는 거야. 후손 만대까지 실록을 물려주려면 왕의 일생 전체를 알릴 필요가 있을 텐데 이 문제를 어떻게 풀었을까?

실록을 만들 때는 왕을 포함하여 중요한 사람들의 전기문을 덧붙였어. 이런 전기문을 '행장'이라고 해. 행장에는 죽은 이가 평생 이룬 업적을 썼어. 왕이 살아 있을 때 쌓은 덕과 행적을 최대한 자세하게 써 붙였지. 행장은 죽은 왕과 가까운 친척이 기록했어. 실록에 나오는 25명의 왕이 다 행장이 있는 것은 아니지만 대부분 행장이 있어서 일생을 보충해 줘.

실록에는 행장 말고 또 다른 글도 들어가 있어. 비석에 새긴 '비문'이나, 왕이나 왕후의 죽음을 슬퍼하며 공덕을 높이는 '애책문'이란 것도 있지. 제사 지낼 때 쓰는 '제문'이나 '축문'도 실록에 덧붙였어.

이렇게 부록처럼 덧붙이는 자료를 가지고 실록에 드러나지 않는 것을 보충하는 거야. 좀 더 자세한 기록을 남기려는 조상들의 노력이 엿보이는 부분이야.

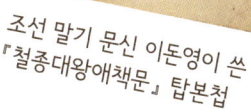

조선 말기 문신 이돈영이 쓴 『철종대왕애책문』 탑본첩

세자 저하, 첫 걸음마 감축드리옵니다. 훗날 행장에 기록하겠나이다.

『훈민정음해례본』은 훈민정음이라는 새로운 문자의 설명서야. 언제 어디서 누가 어떻게 왜 훈민정음을 만들었는지, 만든 원리는 무엇이며, 어찌 쓰면 되는지 풀이해 놓았거든. 지금까지 세상에 이런 책은 없었어.

조선의 임금 세종대왕은 백성들이 편하게 살게 하려고 훈민정음이라는 새로운 글자를 만들었어. 3년 뒤에는 집현전의 학자들과 함께 훈민정음 풀이가 들어 있는 『훈민정음해례본』을 펴냈지. 한국 사람에게 이 책은 무척 중요해. 이 책에 나와 있는 날짜를 계산하여 한글날을 정하고, 매년 한글날 기념행사를 하고 있잖아.

『훈민정음해례본』은 한국뿐 아니라 세계의 역사와 문화에도 큰 영향을 주었어. 그래서 유네스코에서는 세종대왕상을 만들기도 했지. 세종대왕상은 글자를 읽을 수 있게 이바지한 사람에게 주는 상이야. 이렇게 지구촌 전체에 중요한 영향을 주었으며, 세상에 둘도 없는 독특한 책이 『훈민정음해례본』이야.

2장

한글 설명서,
훈민정음해례본

이 책이
답을 줄 거란다.

풀어서 예를 밝히다

　훈민정음은 '백성을 가르치는 바른 소리'라는 뜻이야. 해례, 발음도 어려운 이 말은 '풀이하여 그 예를 밝힌다'는 뜻이지. 그러니까 『훈민정음해례본』은 훈민정음 문자를 풀이하여 예를 들어 보여 주는 책이야.

　세종대왕은 1443년, 새로운 글자인 훈민정음을 만들었어. 3년 뒤에는 집현전 학자들과 함께 33쪽짜리 『훈민정음해례본』을 펴냈지. 훈민정음이 무엇인지, 누가, 언제, 왜 만들었는지, 어떤 원리로 만들었는지는 물론이고, 쓰는 방법까지 하나하나 예를 들어 가며 설명해 놓았어.

　인류가 남긴 기록에서 이렇게 새로 만든 문자를 해설하는 책은 오직 『훈민정음해례본』 하나뿐이야. 유일한 것은 물론이고, 내용의 수준도 매우 높아. 세계 언어학자들은 이 책에서 문자를 만든 원리와 문자 사용에 대해 설명한 이론적 해설이 상당한 수준이라고 평가해.

　책이라는 게 전문가가 보기에 알맞으면 보통 사람들이 보기에는 어렵기 마련이야. 보통 사람들이 보기에 알맞으면 전문가가 보기엔 너무 쉬운 수준일 테고. 그런데 『훈민정음해례본』은 보통 사람이 보면 쉽게 이해할 수 있으면서도, 언어 전문가가 보면 이론적 수준이 높은 신기한 책이야. 같이 들어가기 어려운 두 가지의 가치가 모두 들어 있는 책이지.

　책에는 보통 머리말이 있어. 『훈민정음해례본』에도 머리말이 있지. 세종대왕이 직접 쓴 머리말은 이래.

　"우리말이 중국말과 달라서 한자와는 뜻이 서로 통하지 않는구나. 그러니 백성들은 말하려는 게 있어도 한자로는 제 뜻을 펼 수 없는 경우가 많도다. 내 이를 딱하게 여겨 새로 스물여덟 자를 만들었으니 이것은 사람들이 쉽게 익히고 나날이 편안히 쓰게 하려는 것이니라."

백성들이 글을 익혀 편히 쓰도록 새 글자를 만들었다고 분명히 밝히고 있어. 세종대왕이 얼마나 백성들을 생각했는지 알 수 있는 부분이지. 조선 시대 왕들은 백성들이 살기 편하게 다스리는 것을 중요하게 여겼을 거야. 특히 세종대왕은 백성들이 글을 몰라 억울한 일을 당하는 걸 안타깝게 생각했어.

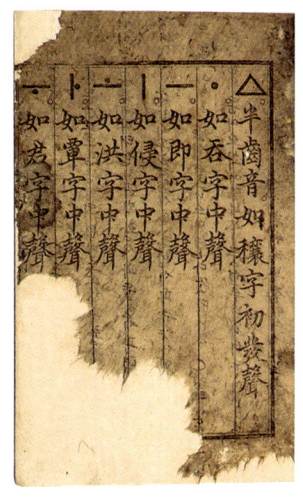

세종대왕의 서문

발음 방법과 부리는 법을 설명한 『훈민정음해례본』 예의편

그렇다고 새로운 문자를 만드는 게 어디 쉬운 일이야? 이미 오래되어 굳어진 습관을 바꾸는 것도 어려운 일이잖아. 그런데 그 어려운 걸 생각하고 연구하고 만들어 내고 설명서까지 갖추어 내다니 정말 놀랄 만한 일이야. 백성들을 편하게 살게 하려고 익히기 쉬운 글을 만든 능력도 굉장하거니와 그 뜻도 참으로 높아.

세종대왕은 책에서 훈민정음이 어떤 건지 예를 들어 가면서 직접 알려 주고 있어.

"'ㄱ'은 어금닛소리로 '군' 자의 첫소리와 같다.
'ㅋ'은 어금닛소리로 '쾌' 자의 첫소리와 같다."

이런 식으로 첫소리, 가운뎃소리, 끝소리를 설명해 놓았어. 예를 들어 가며 새로운 문자의 소리가 무언지 소개한 다음에 이제 본격적인 풀이가 나와.

과학적이고 철학적인 훈민정음

『훈민정음해례본』에서 글자를 만든 원리를 자세하게 풀어 놓은 부분을 '해례편'이라고 불러. 해례편을 쓴 사람들은 세종대왕을 도와 한글을 만드는 데 함께 땀을 흘렸던 집현전 학자들이야. 정인지, 신숙주, 성삼문, 박팽년, 강희안, 이선로, 이개, 최항, 이렇게 8명이지.

세종대왕이 앞에서 소리의 종류와 모양의 예를 들었다면, 해례본에서는 과학적이며 철학적인 틀을 아주 자세하게 풀어서 설명하고 있어. 특히 글자 하나하나가 가진 음양오행 철학의 원리를 자세하게 알려 줘. 또 소리가 우리 몸의 발성 기관 어디에서 나는지를 가지고 소리를 나누고, 소리의 모양, 소리 내는 방법 등을 과학적으로도 풀이해 놓았어.

처음에는 이 책을 한자로 펴냈어. 3년 뒤에 한글로 풀어서 『훈민정음 언해본』을 또 펴냈지. 세종대왕은 백성들이 한자를 못 읽을까 봐 걱정이 되었나 봐. 누가 가르쳐 주지 않아도 백성들이 혼자서 보고 익힐 수 있게 한 거야.

그런데 본문 다음에 머리말이 또 나와. 이번에는 정인지라는 학자가 썼어. 책머리에 쓰는 게 머리말인데 본문 다음에 나오다니, 혹시 편집을 잘못한 건가? 아니야. 임금님과 나란히 머리말을 쓰는 게 예의에 어긋난다고 생각했던 것 같아. 그래서 글자 크기도 다르고 위치도 모양도 달라. 여러 가지 차이를 두어 신하의 예를 갖춘 것이라고 학자들은 설명해.

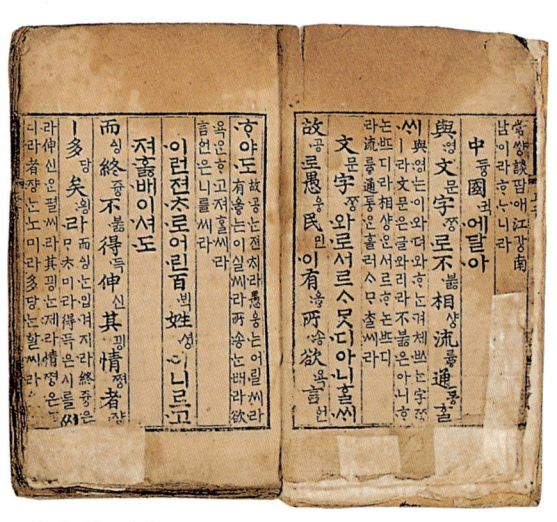

『훈민정음 언해본』

세종대왕이 쓴 것과 정인지가 쓴 걸 보면 글씨 크기와 위치, 모양이 달라. 정인지의 머리말은 책머리에 두지 않고 맨 뒤에 두었지. 글자도 더 작고 맨 윗글자의 높이도 더 낮췄어. 한 책에 임금과 신하가 쓴 글을 함께 싣다 보니 이런 방식으로 신하의 예의를 갖추었나 봐.

정인지는 머리말에서 이런 글을 썼어.

"한자로 조선 사람의 말을 적는다는 것은 네모난 손잡이를 둥근 구멍 안에 억지로 밀어 넣는 것만큼 어울리지 않는다."

『훈민정음해례본』 마지막에 실린 정인지 서문

새 글자가 필요하다는 뜻이지. 그걸 이렇게 쉬우면서도 분명한 비유를 들어 표현하다니 놀라워.

좋은 글자는 배우기도 쉬워야 할 거야. 정인지는 한글이 얼마나 배우기 쉬운지에 대해서 구체적으로 말했어. 슬기로운 사람은 하루아침을 마치기 전에 깨우치고, 늦게 배우는 사람이라도 열흘이면 배울 수 있다는 거야. 또 바람 소리, 학의 울음소리, 닭이 홰를 치며 우는 소리, 개 짖는 소리라도 다 적을 수 있다고 했지.

글을 모르는 사람이 이 이야기를 듣는다면 배우고 싶은 마음이 저절로 생길 것 같지 않아? 정인지는 학식이 높기로 유명한 집현전 대제학인데도 어려운 말을 안 쓰고, 글을 모르는 사람도 귀에 쏙쏙 들어오게 쉬운 말로 머리말을 쓴 거야. 사람에 대한 배려가 돋보여.

세종대왕과 집현전 학자들이 『훈민정음해례본』을 펴낸 지 수백 년이 지났지만, 우리 후손들은 그 안에 담긴 과학과 철학, 그리고 사랑을 보며 다시 한번 기록의 소중함을 느낄 수 있어.

『훈민정음해례본』 차례

- 세종대왕의 머리말
- 예의편 – 훈민정음의 소리와 쓰는 예
- 해례편 – 제자해 : 글을 만든 원리 풀이

　　　　초성해 : 첫소리 풀이

　　　　중성해 : 가운뎃소리 풀이

　　　　종성해 : 끝소리 풀이

　　　　합자해 : 첫소리, 가운뎃소리, 끝소리를 합하여 쓰는 방법 풀이

　　　　용자례 : 예를 들어 문자를 풀이
- 정인지의 머리말

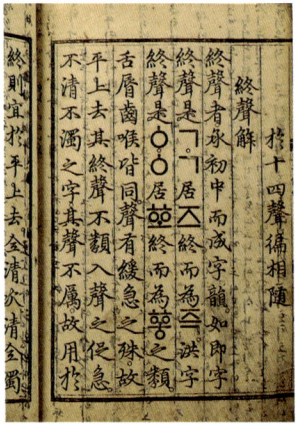

끝소리를 풀이한
『훈민정음해례본』 종성해

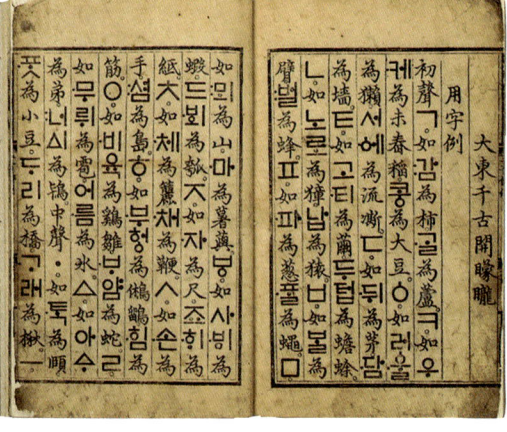

예를 들어 가며 문자를 풀이한
『훈민정음해례본』 용자례

훈민정음을 만든 원리 풀이, 제자해의 예

제자해는 아주 겸손한 글로 시작해. 훈민정음을 만든 것이 처음부터 슬기롭게 만들고, 애써서 찾은 것이 아니라는 거야. 그 대신 원래 세상에 있는 소리가 생기는 원리를 바탕으로 그 이치를 풀어냈다고 말하고 있어. 사실 원리를 풀어내는 방법이야 말로 세상에서 가장 어렵고 표현하기 힘들 텐데 그걸 그저 겸손하게 말한 거야.

이어서 소리를 내는 기관의 모양을 본떠서 만든 첫소리를 소개하고 있어.

『훈민정음해례본』 제자해

"어금닛소리 'ㄱ'은 혀뿌리가 목구멍을 막는 모양을 본뜨고,
혓소리 'ㄴ'은 혀끝이 윗잇몸에 붙는 모양을 본뜨고, (뒤에 생략)."

이렇게 글자를 만든 원리를 풀어 놓았어.

'ㄱ'을 직접 소리 내 봐. 어금니 쪽에서 소리가 나며 혀뿌리가 목구멍을 막는 것을 느낄 수 있지. 그림에서 보는 것처럼 혀의 모양은 'ㄱ' 모양이 돼. 소리를 내는 곳(발성 기관)의 모습을 본떠서 글자를 만들었다는 걸 잘 알 수 있어. 이렇게 간단한 한 줄의 설명으로 글자를 만든 원리가 눈앞에 그려져.

기록 덕분에 다시 찾은 명예

그동안 훈민정음을 누가 만들었는지에 대해 말들이 많았어. 『조선왕조실록』에 세종대왕이 훈민정음을 만들었다는 기록이 나오기는 해.

"그 달에 임금이 친히 언문 28자를 지었는데, (중간 생략) 첫소리, 가운뎃소리, 끝소리를 합하여 글자를 이룬다. 문자에 관한 것을 모두 쓸 수 있고, 못 쓰는 소리가 없으며, 글자는 간단하지만 활용이 무궁하니, 이것을 훈민정음이라 불렀다."

- 『세종실록』 102권, 세종 25년 12월 30일, 둘째 글, 1443년

이 기록에는 훈민정음을 어떻게 만들었는지, 원리가 무엇인지에 대해서는 전혀 나오지 않아. 그런데 3년 뒤에 "훈민정음이 이루어졌다"고 실록에 또 나와. 이번에는 『훈민정음해례본』의 세종대왕 머리말 부분과 정인지의 머리말이 함께 등장해. 3년 전의 기록보다 조금 더 자세하지만 역시 본격적인 풀이는 없어. 이때 이루어졌다는 훈민정음은 문자 훈민정음이 아니라 우리가 '훈민정음해례본'이라고 부르는 책이야.

16년이 흐른 뒤, 세조 5년(1459년)에 펴낸 『월인석보』라는 책에도 『훈민정음해례본』에 나오는 세종대왕의 머리말이 실려 있

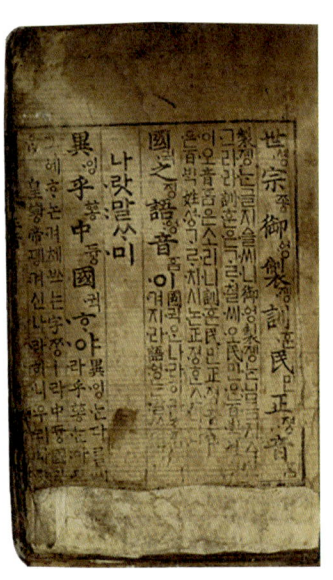

『월인석보』에 실린 세종대왕의 머리말

어. 하지만 사람들의 의문은 완전히 풀리지 않았어.

'진짜 세종대왕이 만든 걸까?' 사람들은 고개를 갸우뚱했지. 일제 강점기에는 한글을 못 쓰게 하면서 우리 문화를 깎아내리려고 했기 때문에 의문은 의심으로 커졌어.

"훈민정음은 집현전 학자들이 만들었을 거야. 세종대왕은 거기에 이름만 얹었을걸."

"훈민정음은 어느 날 문득 방문에 있는 문살의 격자무늬를 보고 만들었대."

한글을 가벼이 보는 말들이 여기저기 떠돌았어.

그러던 중 1940년에 『훈민정음해례본』이 발견됐지. 『훈민정음해례본』은 그동안의 의심, 의문을 깨끗하게 정리하게 해 줬어. 33쪽짜리 짧은 책 안에 모든 게 나와 있거든. 훈민정음이 얼마나 철저한 연구를 통해 만들어진 글자인지 온 세상에 밝힐 수 있게 된 거야. 수준 높은 과학과 철학까지 담겨 있다는 것도 이해할 수 있었지.

훌륭한 기록 덕분에 훈민정음이라는 새 글자를 만든 영광은 세종대왕에게 다시 돌아갔어. 이 모든 사실을 밝혀 준 훌륭한 기록 유산, 『훈민정음해례본』을 인류는 자랑스럽게 여겨.

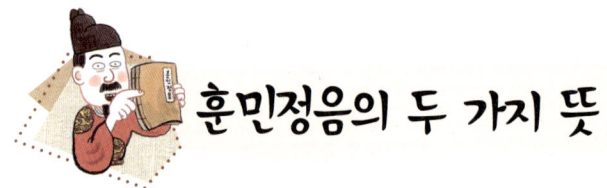
훈민정음의 두 가지 뜻

　훈민정음에는 두 가지 뜻이 있어. 하나는 세종대왕이 만든 문자 훈민정음이야. 우리가 지금 쓰는 한글이지. 1913년부터 훈민정음은 하나의 글, 큰 글이란 뜻에서 한글로 바뀌어 불리고 있어.

　훈민정음의 또 다른 뜻은 세종대왕이 집현전 학자들과 함께 쓴 문자의 설명서 제목이야. 그러니까 우리가 '훈민정음해례본'이라고 부르는 책의 원래 제목인 거야.

　그냥 '훈민정음'이라고 하면 글자 훈민정음을 말하는 건지, 설명서인 해례본을 말하는 건지 헷갈려. 그래서 사람들은 문자 설명서를 말할 때는 '해례'라는 말을 붙여 '훈민정음해례'라고 불러. '해례본'이라고 말하기도 하지. 그러니까 '훈민정음해례'나 '훈민정음해례본'이라고 쓴 것은 모두 '훈민정음'으로 바꿔 말하는 게 사실은 바른 표현이야.

　훈민정음이 세계기록유산이라고 말할 때, 훈민정음은 한글이라는 문자가 아니라 『훈민정음해례본』이라는 책이야. 한글이 과학적, 철학적으로 우수한 문자라는 건 잘 알려져 있어. 그렇다 하더라도 한글은 세계기록유산은 아니야. 문자는 아무리 훌륭해도 기록 유산이 될 수 없어. 기록하는 도구지 기록이 아니기 때문이야. 세계기록유산은 세계적으로 귀중한 기록을 알리고 보존하기 위해 정하는 것이기 때문에 문자는 해당되지 않아.

　『훈민정음해례본』은 인류의 문화를 잇고 발전하는 것을 기록한 것이어서 세계가 인정한 기록 유산이야. 과거를 이해하고 앞으로의 세상을 가늠할 수 있게 도와주는 빛나는 유산이지.

세종대왕상

우리나라 정부의 제안으로 1989년 유네스코 세종대왕상이 만들어졌어. 6백여 년 전 한글을 만들어 백성들이 글을 깨치는 데 뛰어난 공을 세운 세종대왕을 기념하려고 만든 상이야. '세종대왕 문해상'이라고도 해. '문해'는 글자를 읽고 쓰는 능력을 말하거든. 개발 도상국에서 그 나라의 문자를 깨치는 데 이바지한 사람이나 단체를 뽑아 해마다 상을 주고 있어. 상은 본상과 장려상 두 부문을 주고, 매년 문맹 퇴치의 날인 9월 8일에 시상해. 상금으로 3만 달러(약 3,400만 원)를 주는데 한국 정부에서 지원하고 있지.

『훈민정음해례본』에 나오듯이 글자를 몰라 제 뜻을 펴지 못하는 사람이 없기를 바란 세종대왕의 뜻이 세계로 뻗어나간 것이어서 더 소중한 상이야.

『훈민정음해례본』을 지킨 간송 전형필

1940년, 『훈민정음해례본』이 발견되었다는 소식이 들렸어. 1940년은 우리 조상들이 물려준 유산이 나라 밖으로 많이 빠져나가던 때야. 우리 유산을 지키려고 애쓰던 전형필한테 이 소식이 전해졌어.

팔려는 사람과 사려는 사람을 이어 주는 거간꾼은 조심스럽게 값을 불렀어.

"천 원을 달라고 합니다."

당시 천 원이면 좋은 집 한 채 값이야. 거간꾼은 전형필의 눈치를 살폈지. 혹시 너무 비싸게 부른 것일까, 걱정이 됐거든. 전형필은 거간꾼의 걱정을 떨치게 해 주었어.

"그런 귀한 보물은 집 한 채 값이 아니라 열 채 값이라도 부족합니다."

전형필은 천 원을 내고 만 원을 더 내놓았어. 『훈민정음해례본』의 가치를 잘 알고 있었기 때문에 거간꾼한테 감사의 뜻으로 천 원을 치르고 책값으로 만 원을 더 내놓은 거야.
　"훈민정음과 같은 보물은 적어도 이런 대접을 받아야 합니다."
　지켜야 할 가치가 있는 유산을 살 때는 돈을 깎지 않는다는 게 전형필이 유산을 지키는 방식이었거든. 간혹 물건을 파는 사람이 그 가치를 몰라서 싼값을 부른 경우에도 제값을 주고 샀어. 그러다 보니 사람들은 좋은 물건을 구하면 그에게 먼저 알리는 거야. 그 덕분에 『훈민정음해례본』도 지켜 낼 수 있었어.
　당시에는 일제가 우리나라를 강제로 점령하고, 우리말과 우리글을 못 쓰게 한 때였어. 그런 상황에서 『훈민정음해례본』을 갖고 있다는 게 밝혀지면 어떤 위험이 닥칠지 모를 일이지. 그런 위험을 무릅쓰고, 달라는 돈의 열 배를 치르면서 『훈민정음해례본』을 지켜 냈으니 얼마나 고마운 일이야.

책을 만들어 내는 방법은 여러 가지야. 종이에 붓으로 쓸 수도 있고, 나무판에 글자를 거꾸로 새겨서 종이에 찍어 낼 수도 있어. 책을 여러 권 만들려면 쓰는 것보다 찍어 내는 게 훨씬 빠르고 편할 거야. 책을 찍어 낼 때는 나무판에 글자를 새겨 넣기도 하지만 금속으로 글자를 하나하나 만들어 옮길 수 있는 활자를 쓰기도 해. 금속 활자로 책을 찍어 내는 것은 인류의 역사에서 매우 중요한 기술이야. 보다 많은 사람이 정보를 나눌 수 있게 해 주거든. 금속 활자로 찍어 낸 책 중에 세상에서 가장 오래된 책은 『직지』야.

현대의 연구자들은 금속 활자로 인쇄하는 이 기술이 아시아에 영향을 주었고, 여러 곳을 거쳐 유럽까지 퍼져 나간 걸로 보기도 해. 독일 사람들이 이 기술을 써서 인쇄 기술을 더욱 발전시켰을 가능성을 짐작하는 거야.

3장

가장 오래된 금속 활자 책,

불조직지심체요절

 금속 활자는 살아 있다?

읽고 싶은 책이 다 팔려 기다려 본 적 있어? 모든 것이 전자화, 기계화되어 하루 이틀이면 책을 찍어 내는 요즘에도 책을 기다리는 마음은 애가 타. 예전에 붓으로 직접 베끼거나 목판에 새길 때는 더 그랬을 거야. 책을 금속 활자로 찍어 내는 기술은 새 책을 목이 빠지게 기다리던 사람들에게 획기적인 일이야. 금속 활자는 인류 최고의 발명품이라고 말할 정도로 인류의 역사를 바꿔 놓은 대단한 기술이거든. 더욱 중요한 것은 보다 많은 책을 찍어 내어 많은 사람들이 책을 볼 수 있게 된 거야. 이 말은 지식이 널리 퍼지는 중요한 틀이 생겼다는 거지.

금속 활자에서 '활'은 '살 활(活)'을 써. 살아 있는 글자라는 뜻이야. 글자가 살아 있다니 얼핏 이해가 안 되지? 팔만대장경을 찍어 낸 경판을 생각해 봐. 경판은 나무판으로 만들었는데 나무판에 글자를 직접 새겨 넣은 거야. 거기에 먹을 발라서 종이에 찍으면 원하는 글자가 나오잖아.

그런데 이렇게 새긴 경판으로는 다른 책을 찍을 수가 없어. 글자가 나무판에 붙어 있어 움직일 수 없기 때문이야. 새로 찍어 내려는 책이 있다면 원하는 책의 쪽수만큼 나무판도 새로 새겨야만 해. 게다가 한 번 책을 만들고 나면 나무판의 양이 어마어마하게 많이 나와. 그걸 보관하는 것도 일이지.

고려 금속 활자

금속 활자는 글자를 하나하나 따로 만들어. 활자를 만드는 건 과정이 쉽지 않고 복잡해. 그렇지만 일단 한 벌을 만들어 놓으면 쉽게 판을 만들어 찍을 수가 있어. 필요한 글자를 가져다가 한 판에 나란히 놓고 찍으면 되니까. 다른 책을 만들 때도 얼마든지 다시 쓸 수 있어. 이렇게 살아 있는 것처럼 글자가 움직이니 살아 있는 글자, '활자(活字)'라고 부르는 거야.

금속 활자가 발명되기 전에는 새 책을 찍어 내려면 글자를 하나하나 파야 하니까 시간이 많이 걸렸어. 그런데 금속 활자가 발명된 이후에는 이야기가 달라져. 이미 글자를 만들어 놓은 게 있으니 필요한 글자를 찾아 판에 늘어놓고 찍으면 되는 거야. 더 빨리 더 많은 사람들이 문자 정보를 나눌 수 있게 되었다는 얘기지.

　인쇄 기술이 발달하지 않은 때는 책을 가까이할 수 있는 사람이 적을 수밖에 없어. 하지만 인쇄 기술이 발달하면 더 많은 사람이 정보를 얻을 수 있는 거야. 이 말은 더 많은 사람들이 알고자 하는 욕구를 더 빨리 채울 수 있고, 지식을 더 널리 퍼뜨릴 수 있다는 것과 같아. 권력을 가진 몇몇 사람만 갖던 정보를 보통의 사람도 얻게 되는 거야. 정보의 민주화가 일어나는 거지. 또한 보다 많은 정보를 볼 수 있는 거야. 활자의 발명은 요즘으로 치면 인터넷이 발명된 것에 비교할 정도로 획기적인 일이거든.

　현실적으로는 금속 활자를 만드는 데 나무판으로 인쇄할 판을 만드는 것보다 돈이 많이 들었어. 또 책을 아주 많이 찍으면 활자가 닳아서 쓸 수 없었다고 해. 고려의 인쇄 기술자들은 아연을 넣은 황동으로 활자를 만들었는데, 그게 높은 온도에서는 쉽게 사라지는 성질 때문에 그랬을 거야. 그래서 어떤 사람들은 양반이 아닌 평민들에게까지 지식을 나누기에는 부족했을 거라고 생각해. 하지만 활자라는 획기적인 방식을 찾아냈고, 그게 혁명적인 기술 발전이라는 건 분명한 거야.

1866년, 프랑스 함대가 강화도에 쳐들어온 병인양요 때, 프랑스 군인들이 자존심이 상했다고 고백한 거 알아? 당시 프랑스 해군 소위 후보생이던 앙리 쥐베르는 직접 그림을 그리고 이렇게 말했어.

"조선과 같은 아시아의 먼 나라에서 우리가 경탄하지 않을 수 없고 동시에 우리의 자존심을 상하게 하는 한 가지 사실을 발견할 수 있는데, 그것은 바로, 아무리 가난한 집이라도 집 안에 책이 있다는 사실이며, 이것은 선진국이라고 자부하고 있는 우리의 자존심마저 겸연쩍게 만든다."

초라한 시골구석인데 아무리 가난한 집이어도 어디든지 책이 있는 거야. 글을 읽지 못하는 사람도 거의 없었지. 당시 앙리 쥐베르는 부러우면서도 자존심이 상했다고 해. 아시아 동쪽의 작은 나라에서 시골 무지렁이처럼 보이는 사람들이 책을 잘 읽는 줄 누가 알았겠어?

문화라면 콧대 높기로 유명한 프랑스 사람들이 자존심 상할 정도로 조선에 책이 많고, 조선 사람이 책을 잘 읽었던 건 인쇄 기술이 발달했기 때문이야. 필요가 발명을 낳는다는 말처럼 정보에 대해 목마른 고려와 조선의 사람들이 인쇄 기술을 발달시킨 건지도 몰라.

프랑스 군인 장 앙리 쥐베르의 병인양요 기록 가운데 '작은 방에서 붓으로 글을 쓰고 있는 조선 선비' 스케치

고려의 인쇄 기술이 세계로 퍼져 나갔을까?

2005년 5월 19일 '서울 디지털 포럼 2005'에서 전 미국 부통령이자 노벨 평화상 수상자인 엘 고어는 이런 말을 했어.

"서양에서는 구텐베르크가 인쇄술을 최초로 발명한 것으로 알고 있지만 그것은 사실과 다릅니다. 이는 당시 교황 사절단이 한국을 방문한 뒤 얻어 온 기술입니다. 구텐베르크가 인쇄술을 발명할 때 교황의 사절단한테 인쇄 기술에 대한 이야기를 들었다는 것입니다. 사절단에는 한국을 방문하고 여러 가지 인쇄 기술 기록을 가져온 구텐베르크의 친구가 있었기 때문입니다. 그 친구는 니콜라우스 쿠자누스 추기경으로 1438년에서 1448년 사이에 동양에 파견되었습니다."

정작 미국의 전 대통령은 구체적인 예를 들어가며 확신하는데, 한국 사람들은 학술적으로나 대중적으로나 아직 명료하게 밝혀진 건 아니라며 고개를 저어.

연구자들은 아시아의 금속 활자 기술이 이란의 타브리즈, 독일의 뉘른베르크, 프랑스의 스트라스부르를 거쳐 구텐베르크가 태어난 독일의 마인츠까지 전해진 걸로 여기기도 해. 그러니까 『직지』의 기술이 유럽의 인쇄 기술 발달에 도움을 줬다고 보는 건 무리가 아니야. 이란에는 이란의 구텐베르크로 알려진 가차투르 바르다페트라는 사람이 만든 금속 활자기가 있어. 고려의 금속 활자 인쇄술이 실크로드를 통해 세계로 퍼져 나갔다는 고리를 찾는 데 실마리를 주는 건지도 몰라.

일찍이 금속 활자를 발명하고 그걸 퍼뜨린 게 우리 선조라면, 후손들은 더욱 관심을 가지고 연구하여 이를 분명하게 밝힐 책임이 있을 거야.

구텐베르크

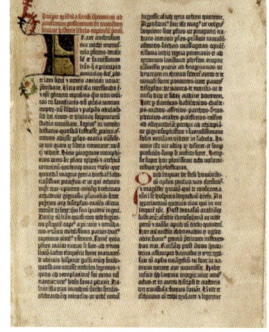

구텐베르크가 금속 활자로 처음 인쇄한 『불가타 성서』

『직지』

　사람들은 그동안 독일의 구텐베르크가 금속 활자 인쇄 기술을 발명한 사람이라고 여겼어. 그가 1455년에 찍어 낸 성경책이 살아 있는 글자, 금속 활자를 가지고 찍어 낸 책 중에서 가장 오래된 것이라 생각했거든. 1972년까지는 말이야. 그 해는 유네스코가 정한 '세계 책의 해'야. 그런데 프랑스국립도서관 전시에 구텐베르크 성경보다 78년이나 앞선 금속 활자 책이 나온 거야.

　"구텐베르크는 더 이상 금속 활자 인쇄술의 발명가가 아니다. 한국의 흥덕사라는 절에서 1377년에 금속 활자로 인쇄한 책이 있다. '직지'라는 책이다."

　"우리는 이제 금속 활자의 영광을 한국에 돌려줘야 할 것이다."

　"한국의 인쇄술은 중국을 뛰어넘었으며 유럽을 앞섰다. 한국 사람들은 이 새로운 기술을 가지고 14세기에 놀라울 만큼 완벽한 경지에 이르렀다."

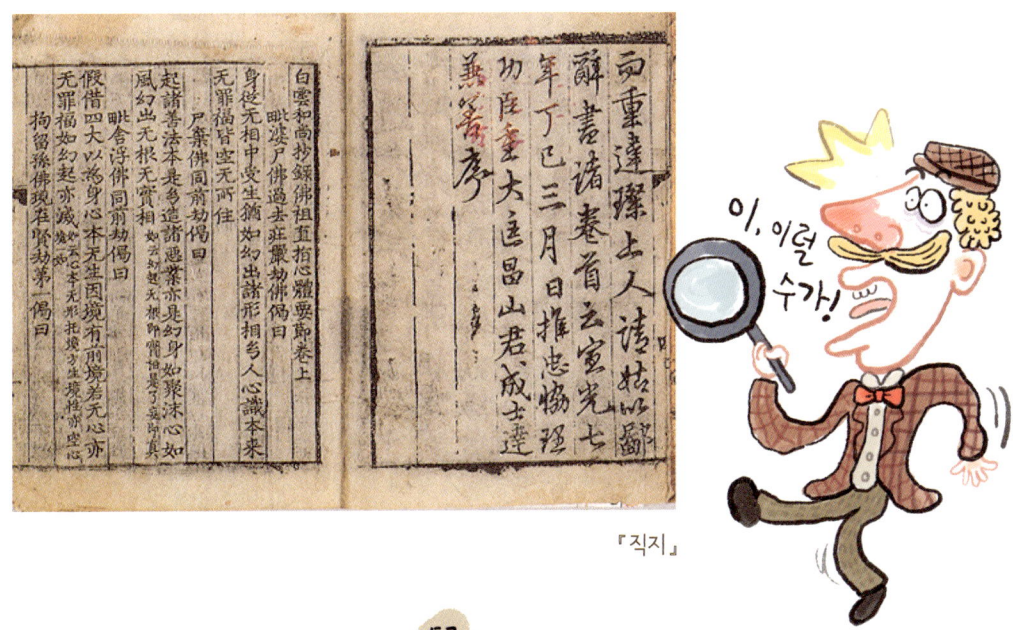

『직지』

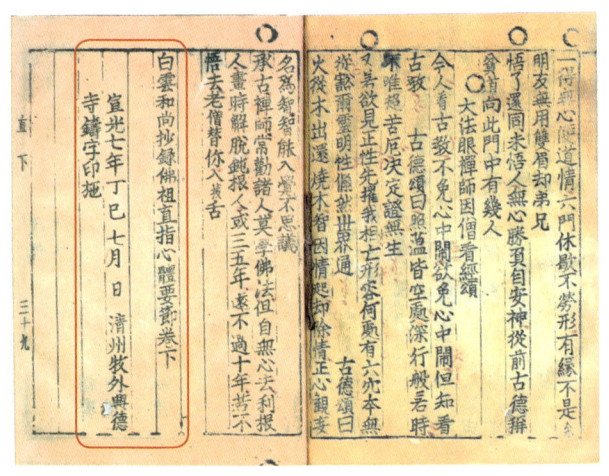

'백운화상초록불조직지심체요절'이라는 제목과
날짜, 책을 찍은 흥덕사를 밝힌 『직지』 마지막 장.

이는 프랑스 신문 '르몽드'와 프랑스 제1 텔레비전, 그리고 프랑스에서 열린 동양학 국제 학술대회 안내문에 나온 내용이야.

이제 세계에서 가장 오래된 금속 활자 책은 『직지』라고 모두가 인정하게 됐어. 이렇게 귀한 책 『직지』의 원래 제목은 '백운화상초록불조직지심체요절'이야. 제목이 너무 길어서 보통 '직지'라고 줄여서 불러. 백운 스님이 부처님과 높은 스님들의 가르침을 가려 뽑아 쓴 글로 '몸과 마음을 똑바로 보라'는 뜻이지.

백운화상초록불조직지심체요절

- **백운**: 스님 이름
- **화상**: 수행을 많이 한 스님
- **초록**: 필요한 부분을 뽑아서 적음
- **불조**: 부처님과 불교 종파를 세운 높은 스님
- **직지**: 바로 보기
- **심체**: 몸과 마음
- **요절**: 문장에서 요긴한 구절

백운 스님의 제자들은 스승의 글을 널리 알리고 싶었나 봐. 그래서 청주 흥덕사라는 조그만 절에서 이 책을 찍어 낸 거야. 책 뒷장에 누가 언제 어디서 이 책을 찍어 냈는지 다 나오거든. 석찬, 달잠 스님이 책을 찍고, 묘덕 스님이 책 만드는 데 들어간 돈을 냈다고 씌어 있어.

『직지』는 첫 금속 활자 책이 아니다?

『직지』를 찍은 1377년은 고려의 힘이 약하고 원나라의 간섭이 심하던 때야. 이렇게 어려운 때 지방의 작은 절에서 스님 세 분이 금속 활자 책을 만들어 냈다는 걸 보면 이전부터 금속 활자 인쇄 기술이 발달했을 거라고 짐작할 수 있어.

사실 1377년 이전에 이미 금속 활자를 썼다는 기록이 있거든. 1234년에서 1241년 사이에 『상정예문』이라는 책을 금속 활자로 인쇄했다고 나와. 『상정예문』은 지금 전해지지 않지만, 이규보가 쓴 『동국이상국집』이라는 책에 그런 말이 적혀 있어.

1239년에도 『남명천화상송증도가』라는 책을 금속 활자로 인쇄했다는 기록이 있어. 다만 전해 내려오는 책 중에서 가장 오래된 금속 활자 책은 『직지』가 분명해. 더 이른 책이 발견되기 전까지는 말이야.

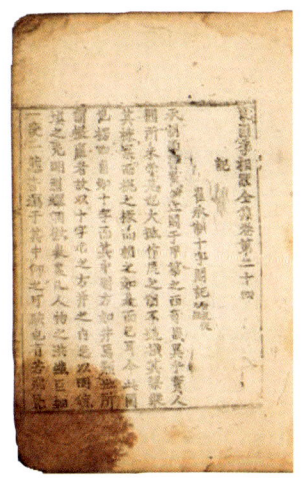

『직지』 이전의 금속 활자 기록이 담긴 『동국이상국집』

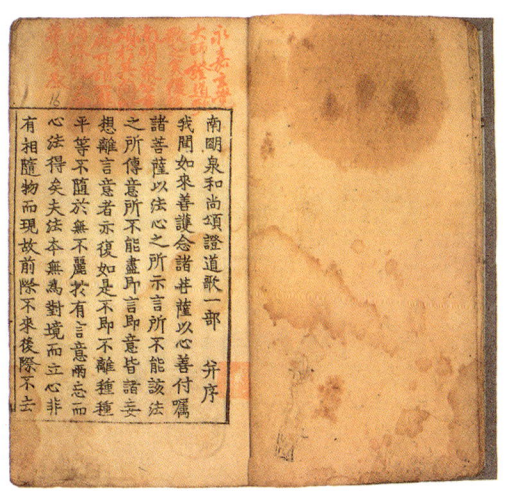

『남명천화상송증도가』(1239년에 간행된 원본이 아닌, 그때의 금속 활자본을 견본으로 다시 새긴 것)

책을 만들 때 함께 일하는 사람들

각자장 : 나무판에 글자를 새기는 이
주자장(또는 주장) : 활자를 주조하는(만드는) 이
수장제원(수장) : 글자 보관함을 지키는 이
창준 : 글씨 초본을 소래 내어 확인하는 이
상판제원 : 글자를 찍어 낼 판으로 옮기는 이
균자장 : 대나무나 못 쓰는 종이로 빈틈을 메워 꽉 조여 움직이지 못하게 고정하는 이
인출장 : 균자장이 한 것을 받아서 찍는 이
책장 : 인쇄한 낱장을 책으로 엮는 이
감교관 : 인쇄할 책의 고정 책임을 맡은 이
감인관 : 인쇄 과정 전체를 감독하는 이

수장제원

활자로 책을 만드는 장인들을 적은 『용재총화』

조선 시대에 펴낸 『용재총화』라는 책을 보면, 활자로 책을 만들 때 이렇게 많은 장인들이 일을 했다고 나와. 하지만 고려 시대에 『직지』를 만들 때 석찬, 달잠 스님이 이 모든 역할을 다 했는지, 아니면 이런 일을 하는 장인들을 불러다가 일을 하도록 했는지 알 수 없어. 어떤 경우였든 스승이 가려 뽑은 요긴한 말씀을 남기기 위해 금속 활자를 써서 책으로 찍어 내다니 역사에 길이 남는 멋진 일이야.

『직지』가 세상에 알려지기까지

『직지』 원본은 지금 우리나라에 없어. 프랑스 대리공사, 그러니까 외교관으로 일했던 콜랭 드 플랑시라는 사람이 우리나라 문화재를 모아 프랑스로 가져갈 때 함께 가져갔다고 해. 나중에 플랑시가 이 책을 경매 시장에 내놨는데 앙리 베베르라는 사람이 180프랑을 주고 샀어. 180프랑은 요즘 값으로 치면 70만원 정도야. 새 모델의 스마트폰도 살 수 없는 값이지. 베베르가 세상을 떠나자 부인은 이걸 경매에 내놨고, 경매에서 팔리지 않자 프랑스국립도서관에 기증했던 거야.

우리나라에서 프랑스로 유학을 간 박병선 박사는 프랑스국립도서관에서 일을 하다가 1972년에 『직지』를 발견했어. 박사는 연구를 거듭하여 『직지』가 금속 활자본이라는 증거를 찾았고, 인쇄한 년도도 찾아냈지.

박사의 노력으로 『직지』는 프랑스국립도서관 전시회에서 사람들에게 공개됐어.

마침내 세상 사람들은 인류가 만든 가장 오래된 금속 활자 책을 보게 된 거야. 『직지』는 상, 하권 두 권으로 만들어졌는데, 상권은 아직 발견되지 않았어. 지금 프랑스에 있는 것은 하권이야.

그동안 프랑스국립도서관에서 『직지』의 가치를 아는 사람은 아무도 없었어. 박병선 박사가 이걸 알리지 않았다면 인류는 귀한 유산을 눈앞에 두고도 못 알아보는 꼴이 되었을 거야.

아직 조국의 품으로 돌아오지 못한 '직지'입니다.

『직지』 하권 표지

직지상

유네스코에서는 세상에 남아 있는 가장 오래된 금속 활자 책, 『직지』가 세계기록유산이 된 것을 기념하여 2004년에 상을 만들었어. 이름하여 '직지상'이야. 세계기록유산을 보호하는 데 이바지한 사람이나 연구소 또는 비영리 기관에게 2년에 한 번씩 '직지의 날'에 상을 주고 있지. 상금은 3만 달러야. 청주시에서 후원하고 있어. 청주는 『직지』를 찍어 낸 흥덕사가 있는 도시거든. 시상식은 청주나 프랑스 파리에서 해. 예부터 발달한 우리나라 인쇄 기술이 세계에 널리 이름을 떨치는 것이어서 이 상의 의미가 커.

금속 활자 만드는 방법

금속 활자는 어떻게 만들었을까? 고려 시대『직지』를 찍어 낸 흥덕사의 금속 활자는 밀랍(꿀벌이 벌집을 만드는 끈끈한 물질)을 써서 만든 것으로 알려지고 있어. 밀랍 방식으로 금속 활자를 만드는 방법이 책으로 전해지지는 않아. 현재 대한민국 중요무형문화재인 금속활자장, 오국진 선생은 다음과 같이 하는 것이 옛 방법과 비슷할 거라고 해.

우선 원하는 활자의 글자 본을 준비해서 밀랍으로 어미자를 만들어. 이때 글자에 가지를 붙여서 나중에 쇳물이 들어갈 길을 내야 해. 그다음엔 어미자를 진흙으로 감싸서 주형틀을 만들어. 흙이 다 마르면 불에 쬐어 밀랍이 녹아 밖으로 나오게 해. 밀랍이 녹아 나오면 그 구멍으로 쇳물을 넣어. 쇳물이 굳으면 흙을 망치로 부숴 떼어 내고, 활자에 붙은 쇠 가지를 잘라 낸 다음 다듬으면 돼.

1. 글자본 준비
2. 밀납으로 어미자 새김
3. 밀납으로 어미자 가지 만들기
4. 어미자를 진흙으로 감싸기
5. 불에 쬐어 밀납을 녹여 빼서 주형틀 만들기
6. 주형틀에 쇳물 붓기
7. 흙 떼어 내기
8. 활자를 떼어 내서 다듬기

조선 시대에는 약간 다른 방법으로 금속 활자를 만들었어. 성현이라는 사람이 쓴 만물백과사전, 『용재총화』를 보고 활자장, 오국진 선생이 정리한 걸 보면, 밀랍 대신 나무판에 글자를 새긴다는 게 다른 점이야.

글자 본을 밀랍 대신 나무판에 붙여서 어미자를 돋을새김해. 그걸 한 자씩 떼어 낱낱이 가지를 붙여 어미자 가지판을 만들어. 물기가 적당히 있는 바다 개펄의 고운 진흙을 체로 쳐서 준비해. 이제 인쇄할 판 위에 나무에 새긴 글자를 놓고 진흙으로 덮은 뒤 다시 판을 덮어. 그다음 흔들리지 않게 뒤집어서 어미자를 빼내면 진흙에 글자 모양이 오목하게 파일 거야. 오목한 곳에 쇳물을 흘려 넣어 굳으면 활자를 하나씩 떼어 내 줄로 갈고 다듬어.

이렇게 완성된 활자를 가지고 인쇄하려는 판 틀에 원하는 활자를 골라 먹물을 묻혀 찍으면 금속 활자가 인쇄되는 거야.

승정원은 조선 시대 국왕의 비서실 같은 거야. 승정원은 왕의 일상을 날마다 일기로 쓰는 일을 했어. 국왕 가까이에서 일을 하던 주서와 승지라는 관리들이 맡아서 썼지. 『승정원일기』는 288년 동안 조선 왕조에 관한 수많은 역사 이야기뿐 아니라 왕조의 비밀스러운 이야기까지도 담고 있어. 그래서 나라의 중요한 기록을 확인할 때는 꼭 『승정원일기』를 살펴보면서 참고했을 정도라고 해. 사람들은 『승정원일기』야말로 역사의 자료를 어떻게 쓰는 건지 잘 보여 주는 기록이라고 여겨.

4장

2억 4천 자의 기록,
승정원일기

녹화 원본처럼 생생한 기록

『조선왕조실록』이 잘 편집한 영화라면 『승정원일기』는 생생한 현장의 모습을 있는 그대로 담은 녹화 원본과 같아. 그 원본을 돌려 보면 아마 세상에서 가장 긴 동영상일 거야. 편집하지 않은 현장의 모습 그대로여서, 옛날에 『조선왕조실록』 같은 역사책을 만들 때도 꼭 『승정원일기』를 참고했어. 지금까지 보존되어 남아 있는 『승정원일기』는 3,243책인데 글자수로 보면 2억 4,250만 자야. 『조선왕조실록』의 네 배나 되는 양이야.

일기의 양만 많은 게 아니야. 그 안에 들어 있는 내용을 보면 그때 모습이 바로 상상될 정도로 자세하게 나와. 글로 쓴 건데 마치 동영상을 보듯 머리에 그림이 그려져. 여기, 영조대왕이 일곱 살 어린 세자의 글공부를 보며 좋아하는 장면을 봐.

영조(조선 제21대 왕)가 세자의 공부를 가르치는 박필간(조선 후기의 문신)에게 명령하기를, 『동몽선습』을 세자에게 주고 읽어 보라 하니, 세자는 무릎을 꿇고 꼿꼿이 앉아 큰 소리로 책을 읽었는데 음성이 맑고, 문법이 분명했어. 영조는 박필간에게 세자가 읽은 곳 중에서 어려운 글자를 골라 물어보라 했지.

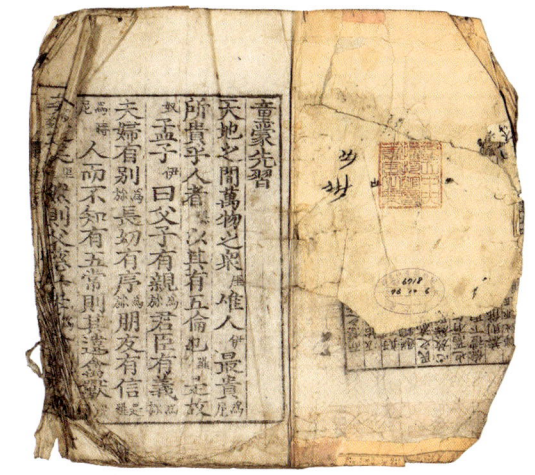

조선 제11대 왕인 중종 때 박세우가 쓴 언어 학습서, 『동몽선습』

 **박필간** : 어떤 글자가 '귀(貴)' 자입니까?

 **세자** : (글자를 가리키며) 이 자.

 **박필간** : 어떤 자가 '친(親)' 자입니까?

 **세자** : (글자를 가리키며) 이 자.

 **영조** : '보(輔)' 자가 어려울 것 같으니, 한번 물어보라.

 **박필간** : 어떤 자가 '보' 자입니까?

 **세자** : (책장을 한 줄 한 줄 자세히 보더니 이내 손으로 가리키며 말했다.) 이 자.

 **영조** : 배운 지 여섯 달이나 지났는데도 잊지 않았구나.

신하들은 어린 세자가 총명하고 기억력이 뛰어난 것을 칭찬하고, 영조도 세자의 영특함을 대견하게 여겼어.

이것은 영조가 왕의 자리에 오른 지 17년째인 1741년 6월 22일 양의 시(오후 1~3시)에 있었던 일로, 『승정원일기』에 나와 있는 부분이야. 같은 날, 같은 내용을 『조선왕조실록』의 『영조실록』 53권에서는 이렇게 적었어.

"임금이 세자의 공부를 가르치는 박필간에게 명하여 동궁에게 『동몽선습』을 주고 동궁이 그것을 읽도록 하자, 맑은 목소리로 어법을 정확하게 읽었다. 여러 신하들이 하나같이 칭찬하였다."

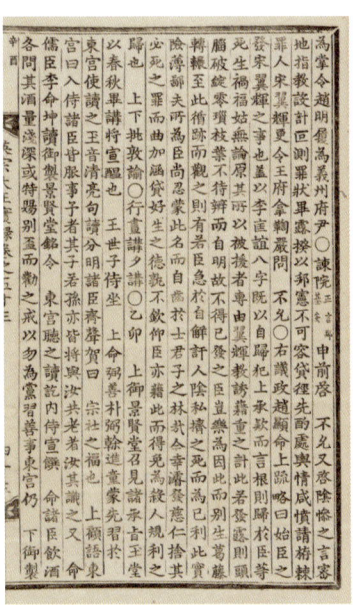

『승정원일기』에 실린 세조의 글공부 부분   『영조실록』에 실린 세조의 글공부 부분

어때? 서로 좀 다르지? 실록에서는 많은 부분을 빼서 편집을 했고, 『승정원일기』는 마치 편집하기 전의 녹화 원본처럼 전체 장면을 짐작할 수 있어. 그런데 실록에서 빠진 부분이야말로 영조가 세자를 얼마나 자랑스러워하고 대견하게 여겼는지 생생하게 알 수 있는 부분이야.

여기 나오는 세자는 영조가 마흔이 넘어 얻은 왕자, 이선이야. 두 살 때 왕세자가 되어 조선에서 가장 빨리 세자가 되는 기록을 세웠지. 어린데도 무척 영리했던 이 왕자는 스물일곱 살의 젊은 나이에 죽임을 당하는 불행을 겪어. 나중에 영조는 아들의 '죽음을 슬퍼한다'는 뜻으로 '사도세자'라는 이름을 지어 주었어. 이걸 알고 세자가 『동몽선습』 읽는 장면을 읽으면 더 안타까워.

임금에게 충고하는 신하

『승정원일기』에는 신하가 왕에게 충고하는 장면도 종종 나와. 이원익이라는 신하는 인조(조선 제16대 왕)에게 마치 어버이처럼 말하고 있어.

이원익 : 임금과 신하가 서로 마음이 통하지 않는다면 어떻게 나라를 다스리겠습니까. 그런데 성상(임금)께서는 자신의 생각을 믿고서 신하들을 가볍게 여기고 독단으로 처리하시는 일이 많아 임금과 신하 사이에 서로 믿지 못하고 있습니다. 그러니 나라를 잘 다스리고자 한들 그리 되겠습니까? 나라를 다스리는 데는 중요한 게 있습니다. 윗사람은 그 다스림의 중요한 것만 다루고 상세한 일은 아랫사람들에게 맡겨 성과를 거둘 수 있게 해야 다스림에 대해 말할 수 있습니다.

인조 : 그 말이 매우 옳다. 옛사람이 '작은 것을 살피다가 큰 것을 놓친다'고 하였는데, 나는 생각이 원대하지 못하고 식견이 부족한 탓에 자잘한 일을 살피느라 원대한 것을 놓치는 결점이 있다. 지금 들은 경의 말을 잊지 않고 마음 깊이 새기겠다.

이원익이 누구기에 왕이 이렇게 뜻을 따르는 걸까?

이원익은 조선 중기 때 문신으로 욕심이 없고 깨끗하기로 소문난 사람이야. 선조(조선 제14대 왕) 때부터 광해군, 인조에 걸쳐 최고의 벼슬인 영의정을 다섯 차례나 지냈는데도 두어 칸짜리 오막살이 초가에서 살았어. 벼슬자리나 목숨에 얽매이지 않고 반듯한 말을 하고, 백성들의 고통을 줄이려고 실제적인 정책을 펼친 것으로 이름난 분이야.

그가 말하자 인조는 겸손하게 받아들이고 있어. 왕이 아주 큰 힘을 갖고 있던 왕조 시대에 저리 어버이처럼 충고하고 잘못을 깨우쳐 주려는 신하가 있었다니 놀라워.

또 다른 장면이야. 네 살밖에 안 된 어린 왕자(나중에 사도세자가 되는 이선)가 글씨 쓰는 솜씨를 보고 영조와 신하들이 함께 즐거워하고 있어. 그런데 왕자를 가르치는 이광좌와 서명균(조선 후기의 문신들)이라는 신하는 자식 교육에서 주의할 점을 들어 매서운 말로 영조에게 조언을 해.

이광좌 : 동궁이(왕자가) 일찌감치 온화한 모습과 슬기로운 지혜를 이루었으니 훗날 조금만 노력해도 크게 이룰 것입니다. 종묘사직을 생각할 때 더없이 큰 기쁨과 경사입니다. 다만 어린 사람에게 올바름을 길러 줄 때에는 솔선해서 가르치는 것만 한 일이 없습니다. (중간 생략)

영조 : 맞는 말이다.

서명균 : 말은 법이 되고 행동은 모범이 되는 것입니다. 오늘날 동궁을 인도하는 방법으로 전하께서 솔선수범하시는 것만큼 좋은 것이 없습니다. 그런데 전하께서는 평소 감정 조절을 잘 못하시는 점이 많으니, 신은 우선 성상께서 돌이켜 살펴보시어 더욱 힘쓰시기를 바랍니다.

신하가 임금에게 자식 교육에서 솔선수범을 보이라고 충고하는 거야. 이제 영조가 크게 화내는 장면을 봐. 자신을 왕세자로 세울 때 반대한 사람들을 죄로 다스리자고 주장하는 사람들과 맞서고 있어.

영조 : 사람의 자식으로서 차마 들을 수 없는 말을 계속하니 이 어찌된 일인가?

정유 : 성상께서 말씀을 매번 이렇게 하시니, 이게 바로 아랫사람들이 답답하게 여기는 이유입니다. 매번 차마 할 수 없는 말이라고 하시니, 그렇다면 이 뒤로는 도리에 어긋나는 나쁜 행위가 있어도 문제를 꺼내 아뢸 수 없을 것입니다. 그리 되면 나라를 어지럽히는 나쁜 무리가 이리저리 날뛰더라도 이를 꾸짖는 자가 없어 나라가 반드시 망할 것이니 마음이 아픕니다.

이때 영조가 책상을 치고 큰소리를 내어 말했어.

영조 : 우리나라의 윤리와 기강이 여기에서 끊기고 말았다. 승지는 어찌 감히 이런 소장(글)을 받아서 들였는가?

 **정유** : 전하께서는 윤리와 기강이 신 때문에 끊겼다고 하셨지만, 신은 바로 그 윤리와 기강을 지키기 위해서 한 일입니다.

영조가 서진을 들어 책상을 치니, 서진의 중간이 부러지며 바닥에 떨어졌어. 또 소장을 밀어 계단에 던졌는데, 목소리와 얼굴색이 매우 엄했어.

 **홍석보** : 어찌히여 소장을 바다에 던지실 수 있습니까? 서진도 중간이 부러졌습니다.

한마디도 지지 않고 또박또박 말을 받아 넘기는 정유를 보고 영조가 화가 나서 서진을 들어 책상을 내리치고 소장을 집어 던진 거야. 서진은 종이가 날리지 않도록 눌러 놓는 무거운 물건이야. 그걸 들어 책상에 내려쳤으니 얼마나 화를 내고 있는지 알 수 있어.

정유는 성균관에서 공부하는 유생이야. 지금으로 치면 대학생 정도 되는 거지. 그런데 왕에게 제대로 따지고 있어. 이에 홍석보(조선 후기의 문신)도 꼬치꼬치 따져 말해.

홍석보 : 사람의 감정 가운데 가장 조절하기 어려운 것이 노여움입니다.

영조 : 이게 어찌 노여워서만 그런 것이겠는가.

홍석보 : 임금은 사람을 죽일 수도 있고 살릴 수도 있으니, 진실로 너그럽게 용서해야지 이와 같이 기를 꺾어서는 안 됩니다. 더구나 성균관 유생의 상소는 다른 상소와는 차이가 있는데 어찌 이렇게 하신단 말입니까?

이교악 : 내일 아침 간신들과 의논할 일이지 지금 어찌 상소를 땅에 내던질 수 있단 말입니까?

홍석보에 이어 이교악(조선 후기의 문신)까지 왕의 잘못을 따지고 있어. 영조는 하는 수 없이 좀 더 생각해 보고 처리하겠다는 말을 하고 마음을 가라앉혔지. 임금 앞에서 뜻을 굽히지 않는 유생, 감정을 행동으로 드러내는 임금, 그리고 화난 임금 앞에서 눈치를 보지 않고 임금을 설득하는 신하의 모습이 생생하게 그려져 있어. 이처럼 대화를 그대로 인용하여 현장의 살아 있는 분위기를 전하는 『승정원일기』야말로 진정한 역사 자료요 귀한 기록 유산이야.

승정원은 비서실?

일기를 써 본 사람은 알겠지만 일기를 쓰겠다고 결심을 해도 며칠 쓰기가 어려워. 그런데 『승정원일기』는 288년이나 하루도 빠짐없이 썼어. 사실은 조선 초기에 승정원이 생겼을 때부터 썼는데 사나운 세월을 겪으면서 많은 부분이 사라진 거야. 사라진 것은 나중에 복원을 했는데 전부는 못 하고, 일부만 다시 살려 냈어. 그래서 전해진 게 지금 서울대학교 규장각한국학연구원에 보관되어 있어.

승정원은 무얼 하던 곳인데 이런 기록을 남겼을까? 지금으로 치면 청와대 비서실 같은 곳이야. 왕이 무슨 명령을 내리면 일을 맡은 관청에 그 명령을 전하고, 또 관청에서 왕에게 보고하거나 건의할 일이 있을 때 그것을 왕에게 전하는 중요한 일을 했지. 그런 일을 일일이 기록하여 후손에게 남겨 준 조상들의 지혜가 참으로 놀라워.

실록을 위해 사초를 적는 사관처럼, 승정원에는 '주서'라는 관리가 있어서 승정원의 기록을 맡았어. 주서는 자신만의 기록 공책인 초책과 붓을 들고 임금이 가는 곳마다 따라다녔지. 임금과 신하들의 말과 행동을 적어야 하니까.

규장각에 보관된 『승정원일기』

주서는 명령이 들고 나는 일을 전부 적었어. 또 임금과 왕실 사람들에게 생긴 병을 어떻게 알아채는지, 어떻게 치료하는지, 그 과정도 다 담았어. 그래서 『승정원일기』는 한의학 연구 자료로도 무척 귀중해. 제도와 법을 마련하는 데 어떻게 고치고 어떻게 없앴는지 따지고 조정하는 과정도 다 담겨 있어. 그러니 법전 연구에도 빼놓을 수 없어. 이것 말고도 조선 시대의 정치, 경제, 사회, 문화와 관련된 내용이 풍부하게 실려 있어서 조선 시대를 연구하는 데 꼭 필요한 자료야.

일기에 빠지지 않는 게 또 있어. 바로 날씨야. 매일 날씨와 천문 현상을 기록했기 때문에 기후가 어떻게 변했는지, 어떤 특이한 이변이 있었는지 알 수 있어. 심한 가뭄, 때 아닌 눈과 서리, 절기에 맞지 않는 날씨 등이 고스란히 나와 있지.

승정원은 조선 초기에 만들어졌고, 『승정원일기』는 그때부터 쓰여지기 시작했어. 그런데 불에 타거나 망가지거나 사라진 것을 빼고 다시 살린 것들과 함께 지금은 1623년부터 1910년까지 288년의 기록만 남아 있어.

승정원에서는 후손에게 오래오래 전해 주려고 일기 표지를 삼베로 했어. 삼베는 천년을 간다는 말이 있을 정도로 튼튼해. 그런데 이제 천년을 넘어 만년도 갈 수 있을 것 같아. 지금까지 전해 내려온 것을 모두 디지털 자료로 만들었거든. 우리나라 사람뿐 아니라 지구촌 사람 누구나, 언제 어디서나 온라인으로 찾아볼 수 있게 된 거야.

아쉬운 것은 한자로 씌어져 있다는 거야. 그걸 한글로 번역하는 중인데 다는 못 했어. 지금 속도로 번역한다면 백 년은 걸릴 거라고 해. 한자를 읽을 수 있는 사람이 많지 않기 때문에 안타까울 따름이야. 어서 번역이 되어 한글을 아는 모든 사람이 보고 그 귀한 가치를 즐겼으면 좋겠어.

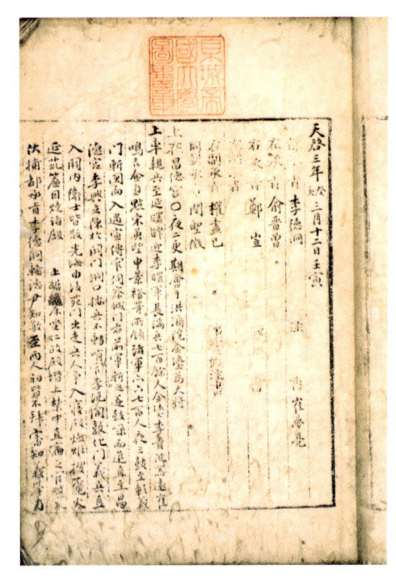

1623년 광해군 때의 『승정원일기』

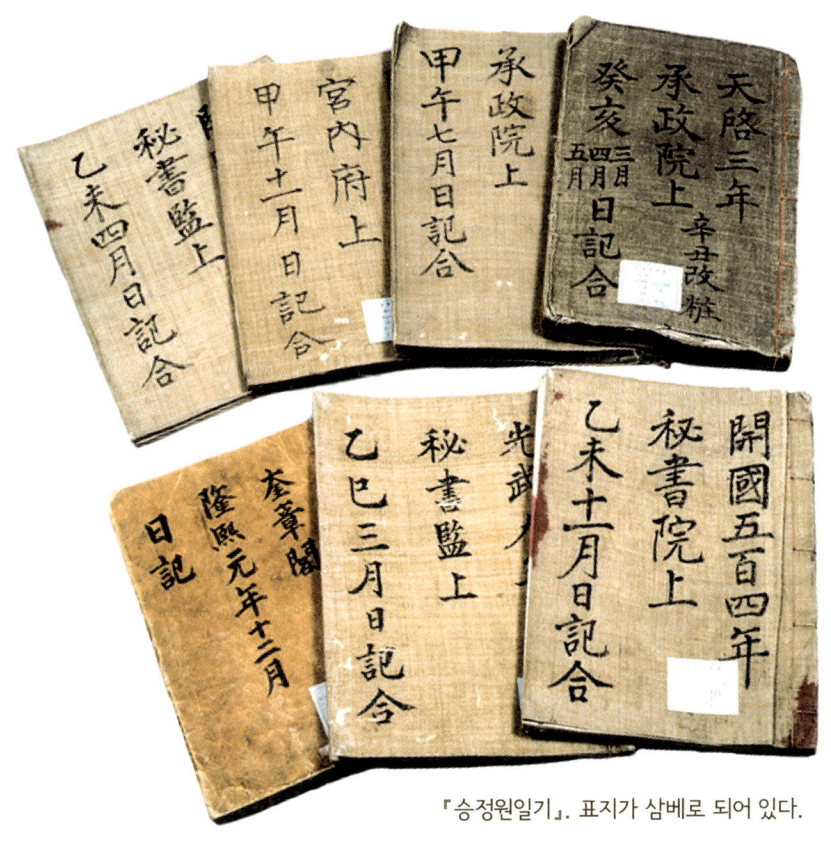

『승정원일기』. 표지가 삼베로 되어 있다.

승정원의 다른 이름

승정원은 정원, 후원, 은대, 대언사라 부르기도 하고, 후설(喉舌)이라고도 했어. 후설은 목구멍과 혀라는 뜻이야. 승정원에서 하던 일을 생각하면 후설이라는 이름이 이해가 돼.

1400년	1894년	1895년 4월	1895년 11월	1905년	1907년
승정원	승선원	비서감	비서원	비서감	폐지

『승정원일기』는 우리나라 최초의 신문?

『조선왕조실록』은 모두 왕이 죽은 뒤에 기록했어. 그런데『승정원일기』는 왕이 살아 있는 동안 그날그날의 일을 썼지. 그건 아마도 승정원에서 하던 일과 관련이 있을 거야. 매일 나오는 왕의 명령을 적어서 일을 맡은 관청에 보내야 하고, 각 관청에서 왕에게 보고하는 것도 다 적어야 했거든. 조정에서 내는 소식, '조보'라는 걸 펴내는 게 승정원의 일 중 하나였으니까. 조보는 매일 오전에 일을 맡은 관청에 나눠 줬어. 하루의 일을 정리하여 마치 일간 신문을 펴내듯 한 거야. 그러니까 승정원에서 펴낸 조보는 우리나라 신문의 시작인 셈이야.

조보

대장경은 부처님의 말씀을 가장 많이 담은 불교의 경전이야. 이 경전을 책으로 만들려고 나무판에 글자를 새긴 판이 대장경판이지. 고려 대장경판은 세계에서 유일하게 남아 전해지는 대장경판이라고 해. 경전에 들어갈 내용을 엄격하게 고르고, 꼼꼼하게 확인했기 때문에 내용이 정확하고 완벽한 걸로도 잘 알려져 있어. 인쇄 기술의 수준을 볼 때도 놀라울 정도로 뛰어나. 대장경판 말고도 여러 경판이 있는데 이들 또한 마찬가지야. 그래서 사람들은 고려 대장경판과 다른 여러 경판들을 말할 때 목판 인쇄 기술이 통합적으로 발달한 것을 보여 주는 중요한 유산이라고 해.

5장

나라를 지켜 주세요,

고려 대장경판 및 여러 경판

경판이 나라를 지킨다?

고려(918~1392)는 외세의 침략을 많이 받은 나라야. 몽고 군대가 고려에 쳐들어왔을 때 고려의 왕은 몽고 군대를 피해 개경에서 강화도로 피난을 갔어. 몽고 군대는 이것저것 보이는 대로 다 태웠어. 대구까지 쳐들어가 부인사라는 절에 있던 대장경의 목판도 태워 버렸지. 고려가 불교의 나라고, 대장경판을 중요하게 여긴다는 걸 알고 일부러 그런 거야. 대장경판을 태우면 고려의 왕이 섬에서 나와 항복하려니 했던 거지.

그러나 몽고 군대의 예상은 빗나갔어. 고려의 왕은 섬에서 나오지 않았어. 대신 이런 결정을 했지.

"타 버린 대장경판을 대신할 새로운 대장경판을 만들어라."

대장경이 나라를 지켜 준다고 믿었거든. 그 전에 거란이 쳐들어왔을 때도 대장경을 만들기로 했을 때 거란이 물러간 적이 있었어. 그러니 대장

고려 현종 때 거란의 침입을 물리치기 위해 만든 초조대장경	1244년 고려 고종 때 몽고의 침입을 막고자 만든 재조대장경
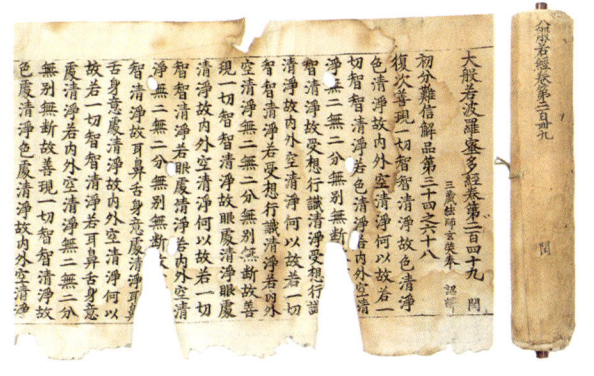	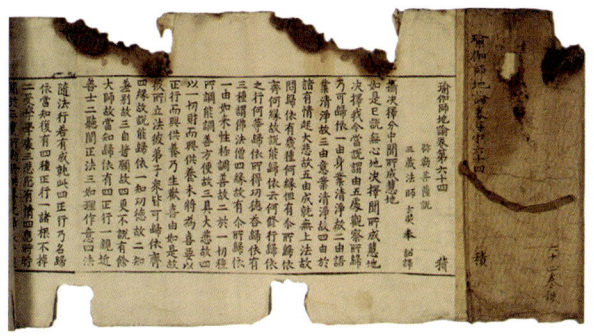

경을 다시 만들면 몽고 군대도 물러갈 거라고 믿었던 거야.

　새로운 대장경판은 만들기 시작한 지 16년 만에 완성했어. 경판의 수가 8만 장이 넘어서 우리는 이걸 '팔만대장경'이라고 불러. 몽고 군대가 태워 버린 대장경판이 처음 만든 것이고, 이건 다시 만들었다고 해서 '재조대장경'이라고도 부르지. 그러니까 처음 만들어 타 버린 것은 초조대장경의 경판이고, 두 번째 만든 것은 재조대장경의 경판이야. 새로 만든 팔만대장경에는 1,500여 종의 불교 경전이 들어 있어. 권 수로는 6,800여 권이나 돼.

　당시 아시아 나라에서는 완벽한 대장경을 만들어 내는 것을 아주 중요한 일로 여겼어. 고려는 그 어떤 나라보다 정확하고 방대하고 아름다운 경전을 만들어 낸 거야. 이후에 중국, 일본을 비롯한 이웃 나라에서는 대장경을 볼 일이 있으면 고려의 팔만대장경을 참고했다고 해.

　이렇게 이웃 나라에 모범이 되는 경판을 만들었는데도 몽고 군대를 물리치지는 못했어. 비록 칼로 싸우는 전쟁에서는 몽고에 졌다 하더라도 고려는 문화적으로는 위대한 유산을 남긴 거야.

대장경판을 주지 않으면 굶어 죽겠나이다

『조선왕조실록』에는 일본 사신이 와서 대장경을 달라고 청하는 글이 여러 번 나와. 세종 때도 여러 번 청했는데, 한 번은 인쇄한 대장경이 아니라 대장경을 찍어 내는 대장경판을 달라고 떼를 쓰는 거야. 일본은 사신 등 135명이 온갖 보물을 갖고 와서 조선의 임금에게 바치고는 이렇게 말했어.

"귀국에 들어와 전하께 융숭한 대접을 받았나이다. 또한 잔치를 베풀어 주시니 그 기쁨을 일일이 들어 말씀드릴 수 없나이다. 그러나 저희가 대장경판을 가지고 돌아가지 못한다면 저희는 벌을 받을 것입니다. 저희를 불쌍히 여기시어 부디 대장경판을 내려 주신다면 은혜로 알겠습니다. 저희 소원이니 꼭 베풀어 주시기 바랍니다."

이에 세종께서 이렇게 말씀하셨어.

"대장경판은 오직 한 벌뿐이니 내려 줄 수 없노라."

대신 경전과 다른 경판을 주겠다고 했어. 이들 또한 천하에 둘도 없는 귀중한 보물이라며 달랬지. 그래도 일본 사신이 막무가내로 나오는 거야.

"저희가 온 것은 오로지 대장경판을 구하려고 온 것입니다. 만일 경판을 가지고 갈 수 없다면 돌아가지 않겠다고 하며 왔습니다. 이제 경판을 얻지 못하고 돌아간다면 약속한 말을 실천하지 못한 죄를 받을 것입니다. 차라리 먹지 않고 죽을 수밖에 없습니다."

합천 해인사 대장경판

대장경판을 안 주면 굶어 죽겠다고 떼를 쓰는 일본 사신들에게 세종은 금으로 쓴 경전과 대장경판을 인쇄한 것, 대장경판이 아닌 다른 경판을 대신 주며 달랬어.

그 뒤에도 일본 국왕은 대장경판을 달라고 편지를 보내 청하기도 했어. 조상한테 물려받은 하나밖에 없는 나라의 보물을 달라고 여러 번 청한 걸 보면 엄청 탐이 났나 봐.

대장경을 만들려면

　대장경을 만드는 데는 우선 원고가 필요해. 초조대장경 경판은 몽고 군대가 불에 태웠지만 그 경판으로 찍어 놓은 대장경은 남아 있었어. 대장경을 다시 만들 때 그걸 참고할 수 있었지.

　대장경판을 새기는 데 총책임을 맡은 사람은 공부하는 스님, 수기대사야. 수기대사는 30명의 스님과 함께 여러 나라의 좋은 경전을 다 비교했어. 북송이나 거란 같은 다른 나라 대장경과 비교하여 빠진 부분을 더하고, 고쳐야 할 곳은 고치는 등 완벽한 경전을 만들기 위해 온갖 노력을 기울였지. 그 결과 앞뒤에 650여 자가 들어가는 8만여 장, 전체 5천여만 자의 대장경 원고를 완성했어.

　당시 아시아 나라에서는 불교를 많이 믿었고, 불교 경전 중에서도 모든 경전을 아우르는 대장경을 아주 중요하게 여겼어. 어느 나라 대장경이 가장 좋은가 은근히 경쟁까지 하고 있었지. 훌륭한 대장경을 갖고 있는 나라는 문화 수준이 높은 걸로 우러러보기도 했으니까.

　최고의 경전 원고를 준비하는 한편, 경전의 글을 새길 목판도 마련해야 돼. 목판의 재료는 너무 무르면 쉽게 망가지고, 너무 단단하면 글씨 새기기가 힘들어. 가장 알맞은 나무는 산벚나무야. 그래서 산벚나무를 많이 썼고, 돌배나무, 후박나무와 단풍나무도 썼어.

고려 대장경판. 나무판에 글자를 새기고 옻칠을 한 뒤 마구리를 끼워 마무리한다.

마구리

　나무가 있다고 해서 바로 나무판을 만들어 글자를 새기면 안 돼. 나무는 시간이 지나면 물기 때문에 쉽게 썩고, 물기가 빠지면서 뒤틀리고 깨질 수 있거든. 이런 걸 막으려고 엄청난 노력을 했어. 우선 나무를 바닷물에 3년 정도 담근 뒤에 일정한 크기로 판을 내. 그걸 소금물에 삶아서 그늘에 말리는 거야. 짠맛 때문에 쉬 썩지 않고, 그늘에서 말리면 뒤틀림이 적거든. 마지막으로 마른 나무판을 대패질하여 길이와 폭과 두께와 무게를 일정하게 만들어. 판을 일정하게 만들면 비로소 글씨 쓸 준비가 끝난 거야.

　이제 글자를 쓰고 새겨야지. 전체 5천만 자가 넘는 글자를 새기는 데 16년이 걸렸다고 하니, 얼마나 많은 사람들이 열심히 일했을까? 그런데 경판의 글씨는 마치 한 사람이 쓴 것처럼 일정해. 글씨는 당나라 초기의 3대 명필가 중 한 사람인 구양순의 서체로 썼는데, 그 많은 사람이 어쩜 그리 똑같이 잘 쓰고 새겼는지 신기하기만 해.

　조선의 명필, 추사 김정희는 『고려 대장경』의 글씨를 보고 이렇게 칭찬했다고 해.

　"사람이 쓴 글씨가 아니고 신선이 쓴 글씨다!"

　여러모로 보아 사람이 해냈다는 게 믿기지 않아. 수많은 사람의 마음이 하나로 뭉치지 않았다면 못 해냈을 거야.

경판에 글자를 돋을새김으로 새긴 뒤에는 옻나무 칠을 해서 나무판을 철저히 보호했어. 옻나무 칠은 천연 방부제거든. 그런데 지금 남아 있는 경판 중에서 최근에 벌레 먹은 게 나왔다고 해. 그것들은 현대에 와서 새로 만들면서 옻칠을 하지 않은 경판인 걸로 밝혀졌어. 오래오래 보존한다는 것이 얼마나 철저하게 준비해야 하는 건지 알 수 있게 해. 그걸 미리 내다보고 과학적으로 한 판 한 판 만들어 낸 조상들의 지혜와 노력에 새삼 놀라고 말아.

경판의 완성은 옻칠로 끝나는 게 아니야. 판의 양쪽에 마구리를 끼우는 마무리 작업도 필요해. 마구리는 길쭉한 나무토막인데, 경판의 길이와 두께보다 조금 더 크고 두꺼운 걸로 덧대는 거야. 그러면 마구리의 두께 때문에 경판을 겹쳐 놓아도 글씨가 새겨진 부분이 서로 닿지 않아. 만약에 마구리 작업을 안 했다면 판들은 서로 부딪쳐서 글자가 쉬 떨어져 나갔을 거야. 마구리에 홈을 파서 경판이 꼭 맞게 끼우고, 마구리 위아래에는 나무못도 박아 넣었어. 그런데도 안심이 안 되었던지 마구리와 경판 사이에 '금구'라는 금속판을 대고 쇠못을 박아 고정했어. 금구는 구리, 철을 섞어서 얇은 판으로 만든 거야.

고려 대장경판

고려 대장경판은 어떻게 보관했을까?

강화도에서 만든 대장경판은 수천의 군사를 불러 서울의 지천사로 옮긴 뒤에 다시 지금의 해인사로 옮겨서 보관했어. 해인사는 경상남도 합천 가야산 자락에 있는 절이야. 산의 네 봉우리가 병풍처럼 둘러싼 곳에 해인사가 있고, 해인사 뒤로 산과 맞닿은 부분에 경판을 보관하는 판전이 있어. 옆으로 긴 집채, 수다라장과 법보전에는 대장경판을 보관하고, 양옆 짧은 집채, 동사간판전과 서사간판전에는 대장경을 보태 채우려고 만든 6천여 개의 다른 경판들을 두었지.

이들 4개의 집채로 이루어진 장경판전에는 경판을 보호하는 마술 같은 과학이 숨어 있어.

해인사

장경판전은 대장경판을 보관하려고 일부러 지은 집채야. 경판이 상하지 않게 준비한 과정은 물론이고, 판전을 과학적으로 잘 지은 덕분에 1253년에 완성한 대장경판이 지금까지 잘 보존됐어.

해인사 장경판전

판전은 산세가 가파르지 않은 가야산 끝자락에 자리를 잡고 있어. 산세가 가파르면 해가 갑자기 떨어져서 볕이 모자라거든. 그렇다고 햇볕이 너무 강해도 안 돼. 강한 햇빛도 경판을 상하게 하니까. 아침저녁 온도 차이가 많이 나는 것도 피해야 해.

해인사 장경판전은 정남쪽에서 약간 서쪽으로 건물 방향을 틀었어. 우리나라 건물이 대부분 정남쪽을 보는 것과 달리 판전은 서남쪽을 고른 데는 이유가 있지. 정남인 경우에는 햇빛이 강하기도 하고, 북쪽에 늘 그늘이 생기는 곳이 나와. 그러면 판전 안의 온도가 골고루 퍼지기 어려워.

장경판전 창 위아래 크기가 다르다.   대장경판이 가득 꽂혀 있는 장경판전 내부

지붕의 처마 길이도 철저하게 계산했어. 햇빛이 가장 낮고 깊이 들어오는 동지에 책장의 맨 아래 선반까지 햇빛이 닿게 맞춘 거야. 이렇게 하면 일 년 내내 햇빛이 경판에 직접 닿지 않으면서 햇빛을 최대한 이용할 수 있어.

나무로 만든 경판은 가장 조심해야 할 게 습기야. 습기가 차면 미생물이 마구 자라서 쉽게 상하거든. 습기를 머무르지 못하게 하려면 바람을 통하게 해야 돼. 판전을 잘 보면 위아래 창의 크기가 서로 달라. 창의 크기가 다른 것은 바람이 판전의 구석구석을 고루 돌아 나가게 하려고 낸 지혜야. 바람이 잘 통하면 습기가 머물 틈이 없지. 지구촌 어떤 건물도 이런 식으로 습기를 조절했다는 말은 들어본 적이 없어. 정말 기가 막히게 창의적이고 과학적인 방식인 거야.

이뿐만이 아니야. 건물 안쪽 흙바닥에는 숯과 횟가루, 소금을 모래와 함께 섞어 넣었지. 가물 때는 습기를 공기 중에 뱉어 주고, 장마철엔 물기를 한껏 빨아들이는 재료들이야. 동시에 곤충이나 새, 그리고 쥐가 싫어하는 재료여서 새똥도 쥐똥도 막을 수 있지.

이렇게 과학적으로 계산된 건물이기에 경판을 안전하게 오래 보관할 수 있었던 거야. 대장경판뿐만 아니라 다른 경판을 보관하는 판전 또한 유네스코가 선정한 훌륭한 세계유산이야.

목숨 걸고 고려 대장경판과 장경판전을 지킨 군인

고려 대장경판과 장경판전은 불에 타 버릴 위기를 여러 차례 겪었어. 그중에서도 한국 전쟁 때 상관의 명령을 어기면서 이들을 지켜 낸 사람으로 김영환 공군 대령이 있어.

한국 전쟁 때 우리 군대와 유엔군이 합동으로 공격을 하자 북한군이 밀리면서 가야산 해인사로 숨어들었지. 유엔군 상관이 김 대령에게 명령했어.

"북한군이 숨어든 해인사를 폭파하라."

군인은 명령을 따라야 해. 명령을 어기면 군사 재판을 받아야 하고, 목숨까지도 위험해질 수 있거든. 그렇지만 김 대령은 명령을 따르지 않았어. 목숨이 걸린 상황에서 김 대령은 당당하고 떳떳하게 말했어.

"해인사에는 조상들이 물려준 소중한 유산이 있습니다. 제2차 세계 대전 때 파리에 독일군이 많이 있었지만 연합군은 파리를 불태우지 않았습니다. 독일군 장교 또한 히틀러의 명령에도 불구하고 파리를 폭파하지 않았습니다. 그것은 문화재를 보호하기 위한 것이었습니다. 문화재는 한 번 불타면 영원히 사라집니다. 영국 사람들은 영국의 유명한 작가, 셰익스피어를 인도와도 바꾸지 않겠다고 합니다. 여기 팔만대장경판과 장경판전은 영국의 셰익스피어와 인도를 한꺼번에 다 준다고 해도 바꿀 수 없는 소중한 유산입니다. 북한군은 다른 방법으로 잡겠습니다."

김 대령의 판단과 신념이 얼마나 훌륭하고 현명한 건지 이제 우리는 다 알아. 목숨을 걸고 소중한 유산을 지켜 낸 김 대령의 용기와 지혜에 큰 박수를 보내지 않을 수 없어.

척!
해인사의 유산은 무엇과도 바꿀 수 없습니다!

유교를 바탕으로 세워진 조선 시대에 사람들은 예의를 중요하게 여겼어. 그래서 나라에 큰일이 있을 때면 유교에 알맞은 예의를 갖추어 의식을 치렀는데, 그걸 '의궤'라는 기록으로 남겼지. 17세기에서 20세기까지 수백 년에 걸친 기록이야. 의궤는 행사를 준비하는 구체적인 내용을 다 기록한 것은 물론이고 행사의 중요한 장면을 그림으로 보여 줘.

이런 종류의 기록은 다른 나라에는 없어. 오직 조선 왕조에만 있는 독특한 거야. 왕실의 의례를 정성껏 기록하여 후손에게 전하려는 조상들의 노력 덕분에 탄생했어. 의궤는 기록의 꽃이라 불릴 정도로 특별하고 아름다워. 동아시아에 퍼져 있던 유교를 잘 담아 내면서 새로운 방법으로 영감을 주는 기록이야.

6장

기록 문화의 꽃,
조선 왕조 의궤

내 어머니의 묘소를 조성한 과정을 기록한 책이지.

궁중 행사 시뮬레이션?

왕실에서 행사를 할 때는 규모가 어마어마해. 수천 명이 참여하는 행사도 있어. 그 많은 사람들이 예절과 규범에 어긋나지 않고, 순서와 절차를 빠뜨리지 않는다는 건 쉬운 일이 아니야. 게다가 후손에게도 전달하려면 더 큰일이지.

조상들은 이런 고민을 했음직해.

"어떻게 하면 예의범절을 잘 지키면서 혼례를 올릴 수 있을까?"

"어떻게 하면 순서와 절차를 빠뜨리지 않고 장례식을 잘 치를까?"

"후손들이 예를 잘 따르게 하려면 어떻게 가르쳐야 할까?"

의궤는 이 모든 고민을 해결해 줬어. 모든 정보를 한 치의 오차도 없이 전달해 주거든. 궁중 행사를 컴퓨터 시뮬레이션 프로그램으로 돌리는 것 같아.

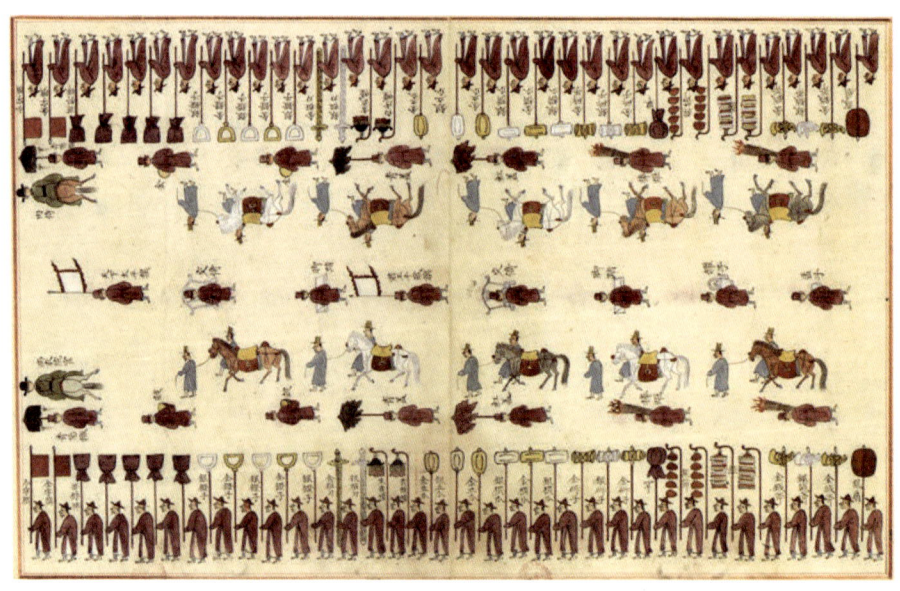
정조대왕 능행 반차도

의궤에는 신기한 그림이 나와. 주인공이 탈 가마는 어디에 자리할지, 가마꾼은 몇이나 세울지, 어느 벼슬자리가 말을 타고 어디에 서야 알맞은지, 실록을 쓰는 사관과 『승정원일기』를 쓰는 주서는 어디에 있어야 기록을 놓치지 않을지, 일일이 정해서 그림을 그린 거야. 사람은 벼슬 이름과 함께 몇째 줄, 몇째 자리 위치인지도 표시했어. 또 깃발은 어떤 걸 쓸지, 옷은 어떤 종류, 무슨 색깔을 입을지도 다 기록했지. 이런 그림을 '반차도'라고 해. 보통 반차도는 행사를 하기 전에 미리 그려서 왕에게 보이고 허락을 받아. 허락을 받으면 그대로 준비하면 되는 거야.

반차도는 반마다 차례를 정하는 그림이라고 생각하면 돼. 학교에서 운동회를 할 때, 우리 반이 어느 차례에 들어가는지 정하는 것처럼 말이야.

여기 있는 반차도는 '정조대왕 능행 반차도'야. 그림을 보면 앞에서 본 모습도 있고, 뒤에서 본 모습도 있고, 심지어 위에서 내려다본 모습까지 한 장에 같이 그렸어. 그 덕에 겹쳐서 보이지 않는 부분이 없고 이해하기가 더 좋아. 마치 두세 장의 그림을 한 장에 몽땅 넣은 것 같은 효과야.

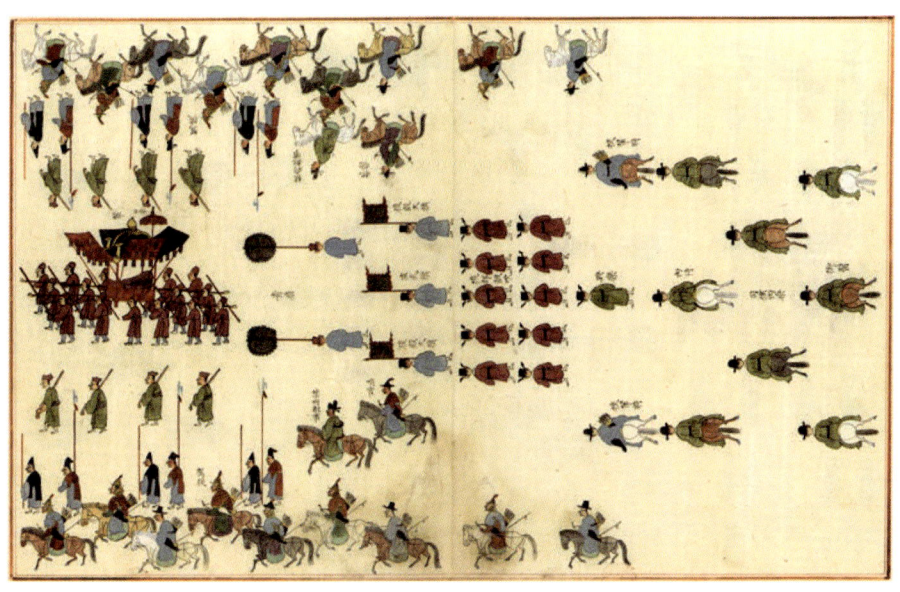

정조대왕 능행 반차도

이렇게 반차도는 실제 상황처럼 생생해. 기록으로 시뮬레이션을 하면 아무리 큰 행사라도 우왕좌왕하지 않고 반듯하게 치를 수 있을 뿐 아니라 돈이 얼마나 들지 예산도 미리 짐작할 수 있어.

행사를 마치고 나면 행사의 시작부터 끝까지 모든 것을 의궤에 담아서 책으로 펴냈어. 비용이 얼마나 들었는지, 필요한 물품을 어디에서 어떻게 얼마나 댔는지도 다 썼지. 행사를 위해 회의를 한 과정과 누가 무얼 준비했는지, 어떤 기술자가 무얼 만들었는지, 관리의 이름과 장인의 이름까지 다 적었어.

행사가 많으면 때로는 순서를 잊어버리거나 빠뜨리는 게 있기 마련이야. 그런데 모든 걸 기록으로 남겼으니 아무리 큰 행사라도 철저하게 준비할 수 있었겠지. 게다가 벽돌을 나르는 사람, 춤을 추는 사람의 이름까지 모두 의궤에 적었으니 역사에 이름을 남긴다는 사명감도 생겼을 것 같아. 무슨 일을 할 때 자기 이름을 걸면 더 조심스럽고 정성이 들어가잖아. 요즘 유행하는 실명제를 이미 조선 시대에 했다니 정말 대단해.

이런 기록은 다음 행사에 소중한 정보로 쓸 수 있었을 거야. 수백 년이 지난 지금도 의궤를 보고 왕이 왕후를 맞이하는 행차를 그대로 따라하기도 하거든. 수원 화성이 망가졌을 때도 의궤 덕분에 다시 쌓을 수 있었어. 이쯤 되면 왜 의궤를 기록의 꽃이라고 하는지 이해가 돼.

유교를 따르던 조선에서는 예절을 중요하게 생각했어. 수많은 궁중 행사에서 예절을 따르고 그걸 후손에게 전해야 나라가 바르게 선다고 여겼지. 이렇게 왕실에서 어떤 의식을 치를 때 궤적을 따라가듯이 예를 갖춘 규범대로 글과 그림으로 기록한 책이 의궤야.

 ## 의궤를 만드는 중요한 행사

조선 왕실에서는 중요한 행사를 치를 때 항상 도감이라는 임시 관청을 만들었어. 행사가 끝나면 도감은 의궤청으로 바뀌어 의궤를 만들게 돼. 그러니까 모든 행사는 의궤로 다시 태어나는 거야.

왕실에서 중요한 일은 무얼까? 왕실의 혼인 같은 경사스러운 일, 돌아가신 이를 장사 지내는 일, 종묘사직에 제사 지내는 일, 회갑 같은 잔치를 여는 일, 세자나 왕후로 받드는 일(책봉), 왕이 돌아가신 뒤에 높이는 이름(존호)을 올리는 일, 사신 같은 손님을 맞이하는 일, 싸움터에 나가는 군사에게 힘을 북돋워 주는 일, 궁궐 같은 건물을 짓는 일 등 일일이 헤아리기 힘들 정도로 많아.

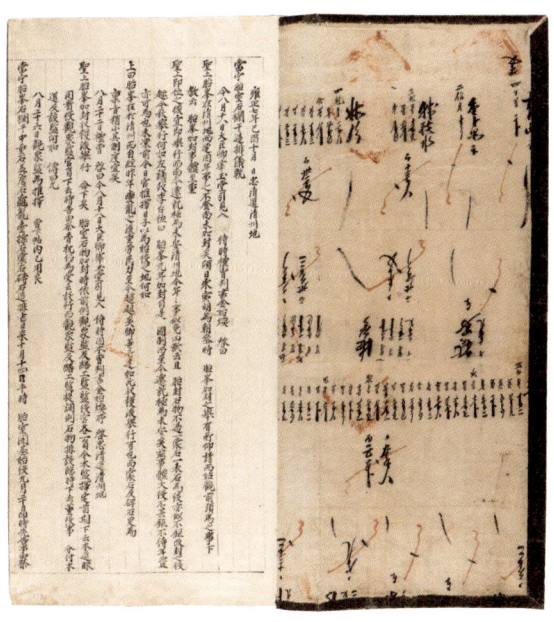
영조의 태실을 꿰매는 과정 등을 적은 『영조대왕태실난간조배의궤』

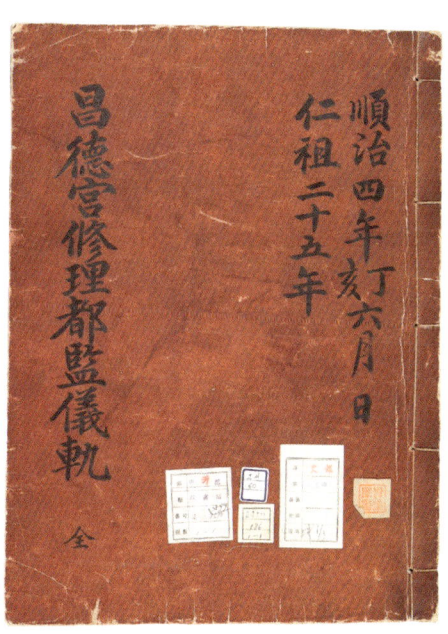
창덕궁 수리 과정을 적은 『창덕궁수리도감의궤』

왕실의 행사를 짐작할 수 있는 여러 가지 의궤

의궤의 이름을 보면 어떤 의식을 치른 것인지 짐작할 수 있어. 몇 가지 의궤의 종류를 살펴보면 이래.

- **태실의궤** : 왕실에 아기가 태어나면 아기와 어머니를 이어 주던 태반을 씻어서 명당을 골라 태를 두는 태실에 모시는 일을 정리한 의궤
- **책례도감의궤** : 왕세자나 왕세손, 왕비 등 왕실의 어떤 자리에 책봉하는 절차를 정리한 의궤
- **가례도감의궤** : 왕실의 혼례를 정리한 의궤
- **진연의궤** : 왕실의 잔치를 정리한 의궤
- **진찬의궤** : 왕실 잔치에서 쓴 음식(찬)을 정리한 의궤
- **대사례의궤** : 왕과 신하가 활을 쏘는 일을 정리한 의궤
- **국장도감의궤** : 나라의 장례식 과정을 정리한 의궤
- **빈전도감의궤** : 돌아가신 분의 혼백을 모셔 둔 곳과 관련된 것을 정리한 의궤
- **산릉도감의궤** : 장례를 치른 뒤 능을 만들 때까지의 과정과 의식을 정리한 의궤
- **부묘도감의궤** : 장례식을 하고 삼년상을 치른 뒤에 신주(돌아가신 분의 이름을 적은 나무패)를 종묘에 모시는 과정을 정리한 의궤
- **영접도감의궤** : 사신을 맞이하는 과정을 정리한 의궤
- **화성성역의궤** : 수원 화성 성곽을 지은 과정과 제도, 의식 등을 정리한 의궤
- **영건의궤** : 건축 공사와 관련된 의궤

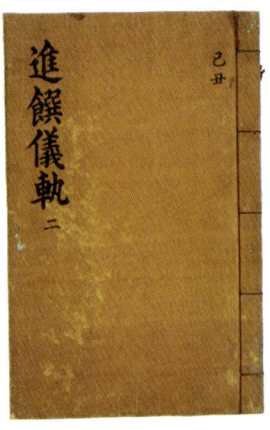
순조에게 올린 진찬의식을 정리한 『진찬의궤』

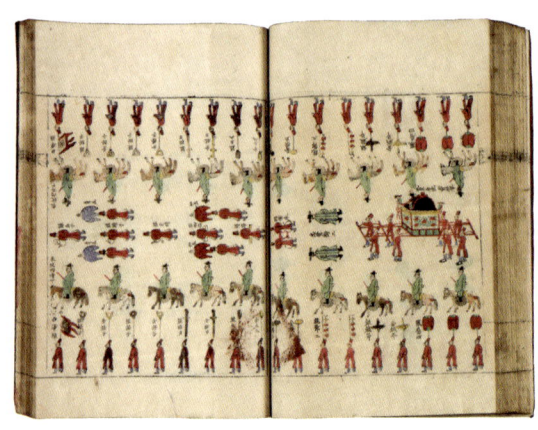
『부묘도감의궤』에 수록된 반차도

의궤는 얼마나 남아 있을까?

의궤는 한 번 만들 때 5권에서 9권까지도 만들었어. 한 권은 왕에게 올리고, 나머지는 일을 맡은 관청이나 사고에 보관했지. 지금까지 남아 있는 의궤는 모두 654종, 3,895책이야. 서울대학교 규장각한국학연구원에 546종, 1,570건, 2,897책이 있어서 가장 많고, 한국학중앙연구원 장서각에도 있어. 프랑스국립도서관에서 돌아온 의궤 191종, 297책은 국립중앙박물관에, 일본 궁내청에서 돌아온 의궤는 국립고궁박물관에서 보관하고 있어.

현재 규장각에 있는 의궤는 1866년에 프랑스군이 강화도 외규장각에서 빼앗아 갔던 거야. 일본 궁내청에는 우리나라에 돌려준 것 말고도 아직도 71종의 의궤가 있어. 이들은 모두 17세기 이후에 만들어진 것이고, 그 전에 만든 것은 여러 난을 겪으면서 없어졌어. 남아 있는 것 중에서 가장 오래된 것이 1601년 선조 때 만들어진 『의인왕후빈전혼전도감의궤』야. 선조의 첫째 왕비인 의인왕후의 장례 과정이 담겨 있어.

프랑스에서 가장 먼저 반환된
『현목수빈휘경원원소도감의궤』 상권

이렇게 깨끗할 수가 (어람용 의궤)

프랑스 군대가 강화도 외규장각에서 가져간 의궤는 프랑스국립도서관 베르사유 분원 파손 창고에서 먼지를 뒤집어쓰고 있었어. 중국 것이라는 꼬리표를 달고서 말이야. 어떤 것은 표지가 떨어져 나가고, 어떤 것은 표지에 곰팡이가 슬어 있었지.

그런데 안쪽 본문은 너무나 희고 깨끗한 거야. 종이에 인쇄 상태도 무척 좋았어. 반차도는 색깔이 선명한 게 금방 만든 것처럼 깨끗했지. 수많은 사람이 등장하는 그림에 같은 이가 하나도 없고, 아주 작은 사람들의 표정까지도 하나하나 살아 있었어. 그것은 왕이 보게 정성껏 만든 '어람용 의궤'였던 거야. 어람용 의궤의 표지는 비단 같은 것을 써서 고급스럽게 만들었거든.

어람용 의궤는 종이도 초주지를 써서 만들었어. 수많은 사람을 그릴 때 도장처럼 찍어서 그리지 않고 한 사람 한 사람 다 일일이 그려서 넣었어. 그래서 표정이 다 살아 있던 거야.

파손 창고에서 의궤를 발견한 사람은 프랑스에 공부하러 갔다가 프랑스국립도서관에서 일하고 있던 박병선 박사야. 박사는 의궤가 얼마나 중요한 책인지를 알았기 때문에 그 책의 가치를 알리느라 바삐 뛰어다녔어.

프랑스에서 고국의 품으로 돌아온 297권의 의궤는 거의 다 어람용이야. 그중에서도 『풍정도감의궤』, 『장렬왕후국장도감의궤』, 『의소세손예장도감의궤』는 국내에 남아 있지 않은 유일

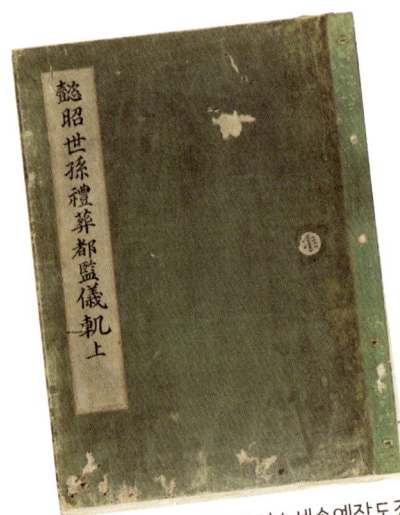
프랑스에서 반환된 『의소세손예장도감의궤』

본이어서 더욱 큰 관심을 끌었지.

이들을 되찾기 위해 얼마나 많은 사람이 땀을 흘렸는지 몰라. 비록 프랑스가 빌려주는 모양으로 돌아왔지만 고국의 땅으로 돌아오다니 감격스러운 일이야. 또 애쓴 분들에게 감사한 일이지.

의궤를 본 사람들은 종이가 너무 깨끗해서 다들 놀랐다고 해. 어떤 사람은 프랑스에서 보관을 잘해서 그런 줄 알아. 그건 몰라도 한참 모르는 말이야. 파손 창고에서 아무렇게나 있던 걸 박병선 박사가 알려 주어 서고로 옮겼잖아. 어람용 의궤라서 종이도 최고급으로 쓰고 그림도 인쇄하지 않고 붓으로 일일이 그렸기 때문에 수백 년이 지났는데도 갓 만든 것처럼 깨끗했던 거야.

박병선 박사는 그 일로 도서관에 밉게 보여서 일자리까지 잃었어. 박사는 도서관 이용자 개인의 신분으로 의궤를 열람하며 어렵게 연구를 했지. 우리 것을 찾기 위해 땀 흘린 박사와 애쓴 사람들께 우리는 정말 뜨거운 박수를 보내야 할 거야.

프랑스에서 돌아온 『숙종인현왕후가례도감의궤』 표지(오른쪽)와 수록된 반차도(아래). 1681년 5월 숙종이 인현왕후를 맞는 과정을 담았다.

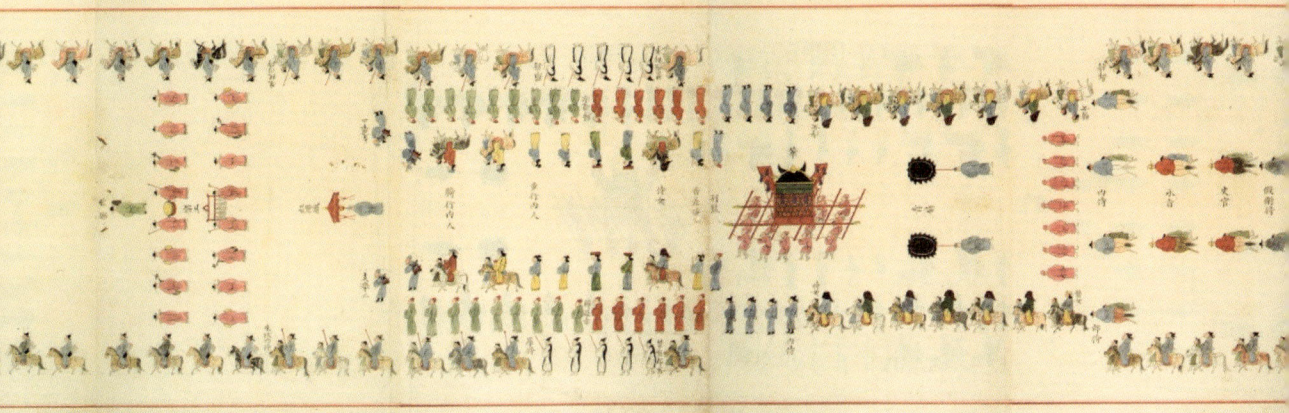

『동의보감』은 누구나 배우기 쉬운 최초의 의학책이야. 그렇다고 내용이 소홀한 건 아니야. 동아시아에서 2천 년 동안 발전시켜 온 다양한 의학 지식을 다 담아 냈지. 사람들이 병에 걸리기 전에 병을 미리 막아 내는 방법에 대해 다룬 게 특히 중요해. 아프지 않은 상태에서 어떻게 몸의 힘을 길러야 하는지 맨 처음 관심을 둔 책이거든. 그러니까 서양에서 예방 의학의 개념이 나오기도 전인 17세기에 조선에서 펴낸 세계 최초의 예방 의학책인 거야. 엮은 방법도 쓸모 있고 얼마나 짜임새가 있는지 몰라. 허준이 직접 손으로 쓴 원본을 처음 찍어 낸 초판 3부(1부에 25권 25책)가 지금도 전해지고 있고, 최근에 초판 1부가 더 발견되어 모두 4부가 전해져.

7장

현대에도 통하는 조선 시대 의학 백과사전,

동의보감

자연의 섭리를 따라

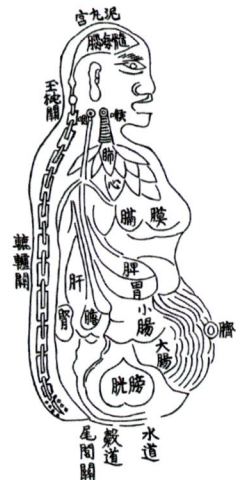

인간의 몸은 대자연을 본받은 것이다.
그렇기 때문에 자연의 섭리를 따라 올바르게 살면
기운이 북돋아 오래 살고 병들지 않는다.

『동의보감』에 나오는 「신형장부도」

『동의보감』은 배가 불룩한 이 그림으로 시작해. '동의보감'이라는 말은 거울 보듯 이해가 잘되는 보배로운 동쪽 의학책이라는 뜻이야. 널리 퍼뜨리고 후손에게 물려줄 본보기가 될 책인 거지. 그런데 배가 이렇게 나온 사람을 그린 건 무슨 까닭일까?

크게 부풀린 배 안에는 구불구불한 선이 여럿 있어. 무언가 움직이는 것 같지? 이렇게 움직이는 건 마치 어떤 기운처럼 보여. 기운이 몸의 생리 작용과 연결되어 있다는 걸 나타내려는 것 같아. 호흡법으로 건강을 이루는 사람들이 숨을 배로 쉴 때(복식 호흡) 배를 불룩하게 만드는 것처럼 말이야.

얼굴을 보면 몸의 정기가 모인다는 눈은 크게 그렸어. 콧방울은 이중으로 그려 들숨 날숨에 콧방울이 움직이는 것을 표현했지. 전체적으로 사람이 건강하게 살아 있는 모습을 그린 거야. 해부한 그림이 아니고 살아 있는 사람의 몸이라는 걸 나타내려고 했나 봐.

이런 그림은 아시아 전통 의학책에 자주 나와. 그런데 이걸 맨 앞에 둔 게 특이해. 보통 의학책은 병이 생겼을 때 어떻게 치료하는가에 대한 내용을 담고 있거든. 『동의보감』은 병의 치료보다 병이 생기기 전에 건강하게 사는 방법을 중요하게 다루겠다고 말하는 것 같아.

실제로 『동의보감』은 병을 예방한다는 생각을 세계 최초로 말한 의학책이야. 과학과 의학 기술이 앞섰다는 서양에서도 이보다 2백여 년이 훨씬 지나 예방이란 말이 나왔어. 그러니 『동의보감』은 세계 최초의 예방 의학책인 거야.

그림 옆에는 자연의 섭리에 따라 올바르게 살라는 말이 적혀 있어. 요즘 말하는 웰빙이니 힐링이니 하는 것과 같은 말이야. 4백 년 전에 만든 책이지만 요즘 보아도 훌륭하여 보통 사람들은 물론 전문가도 잘 활용하고 있어.

『동의보감』의 탄생

　1596년, 왜군이 쳐들어왔다가 물러가는 중이었어. 나라는 짓밟히고, 백성들은 여러 상처에 시달리던 때야. 그런데 어느 날, 선조 임금이 허준을 따로 부른 거야. 허준은 임금의 건강을 맡아 살피는 어의였어. 선조는 어려서부터 잔병치레를 많이 하고 몸이 약해서 어의가 늘 곁에 있어야 했지. 그런데 이번에 허준을 부른 이유는 따로 있었어. 의서(의학책)를 지으라는 거야. 옛날에도 의서는 많았는데 왜 의서를 새로 쓰라고 했을까? 이미 있는 의서와는 다른 새 책이 필요했던 거야.

　첫째, 몸과 마음을 갈고 닦는 것을 우선으로 하고 약물 치료는 그다음으로 할 것.
　둘째, 세상에 처방이 너무 많고 번잡하므로 그 요점을 추리는 데 힘쓸 것.
　셋째, 우리나라에서 나오는 향약(이 땅의 약)에 대해 사람들이 잘 몰라서 쓰지 못하니 국산 약 이름을 적어 백성이 쉽게 알 수 있게 할 것.

이게 바로 허준이 새로 써야 할 책이었어. 선조는 왕세자의 천연두를 치료한 공이 큰 허준을 크게 의지했어. 선조의 명을 받들어 허준은 당시 최고의 의학자들(정작, 이명원, 양예수, 김응탁, 정예남)과 모였지. 지금까지 의서를 쓰기 위해 최고의 전문가들이 6명이나 모인 적은 없었으니, 새로운 의서를 짓는 건 국가적으로 중요하고 큰일이었던 거야.

모인 사람들은 책을 쓰는 일에 힘을 모았어. 그런데 이듬해 1597년, 물러갔던 왜군이 또 쳐들어왔어. 이른바 정유재란'이 일어났지. 한편에선 전쟁을 하고 한편에선 피난을 하는 틈에 의서를 쓰던 사람들은 다 흩어져 버렸어. 새로운 의서 계획이 무너질 위기에 닥치자 선조는 허준을 다시 불렀어. 선조는 궁궐에 갖고 있던 의서 5백여 권을 허준에게 주며 명했지. 허준 홀로 의서를 완성하라는 거야. 허준은 막중한 임무를 혼자서 떠맡았어.

허준은 열심히 의서를 썼지만 어의 역할을 함께하니 더딜 수밖에 없었어. 책을 반쯤 썼을 때 이번에는 선조가 갑자기 세상을 떠났어. 그동안 허준을 시샘하며 미워하던 사람들은 허준을 죄인으로 몰아세웠지. 임금의 건강을 잘못 돌보았다는 거야. 하루아침에 어의에서 죄인이 된 허준은 압록강 근처로 귀양을 가게 됐어. 그때 허준의 나이 69세였어. 귀양살이를 하면서 허준은 신세한탄을 하는 대신 의서를 쓸 기회로 생각하여 책을 쓰는 데 힘을 모았지.

1610년, 마침내 25권의 의서가 완성됐어! 수양을 먼저 생각하고, 처방은 요점을 추렸고, 백성이 알기 쉽게 쓴 의서야. 책 쓰기를 시작한 지 14년 만의 일이었지. 그런데 2년 동안의 귀양살이에서 쓴 게 전체의 반이나

• **정유재란** | 1592년 임진년에 왜구가 쳐들어온 것은 '임진왜란'이라 부르고, 1596년에 물러갔다가 1597년 정유년에 다시 쳐들어온 걸 '정유재란'이라고 불러. 정유년에 다시 일어난 난리라는 뜻이야. 임진왜란과 정유재란을 합쳐 7년 동안 전쟁을 해서 '7년 전쟁'이라고도 불러.

『동의보감』

된다고 해. 허준에게 귀양살이는 오히려 의서에 몰두할 수 있는 도서관 같았던 거야.

선조의 뒤를 이어 왕이 된 광해군에게 책을 들고 가니, 광해군은 무척이나 감격했다고 해. 책 내용은 나무판에 새겨서 3년 뒤에는 『동의보감』이라는 종이 책을 인쇄할 수 있었어. 그게 1613년이야. 너나 할 것 없이 이 책을 반겼고, 이후 『동의보감』은 한국의 전통 의학인 '한의학'의 기본이 되었지.

허준이 붓으로 쓴 25권은 지금 전해지지 않아. 다만 1613년에 처음 찍어 낸 책이 보존되어 세계기록유산이 되었지. 세계 최초로 질병을 예방한다는 앞선 생각, 지금까지도 실제로 쓰이는 의학 지식과 철학까지 아우르는 내용, 이웃 나라의 의학 발전에 끼친 영향 등을 볼 때 『동의보감』은 잘 보존하여 마땅히 후손에게 물려줘야 할 보물이야.

베스트셀러가 되다

　세상에 『동의보감』이 나오자 사람들은 칭찬을 아끼지 않았어. 우선 『동의보감』 25권 중에 차례가 2권이나 되는 것을 보고 사람들은 놀랐어. 차례는 병 중심이 아니라 사람의 몸 중심인데 상세하면서도 찾아보기 쉬웠거든. 예를 들어 각기병, 요통, 이런 어려운 병 이름이 앞에 나오는 게 아니라, 머리, 다리 같은 몸의 일부가 나오고 머리의 어느 쪽이 아픈지, 앞머리인지 뒷머리인지, 이런 식으로 찾아 나가게 해 놓은 거야. 그동안의 의서와는 완전히 달랐어. 병이 중심이 되었던 다른 책에서는 병의 이름을 몰라 찾지 못하는 사람이 있었어. 그런데 『동의보감』은 그럴 일이 없는 거야. 의학에 전혀 지식이 없는 사람도 누구나 쉽게 볼 수 있게 했지.

　한자를 못 읽는 사람들도 편하게 보라고 어려운 약초의 이름은 한글로 토를 달아 뒀어. 설명이 더 필요한 부분은 옆에 적어 놓아 바로 알 수 있게 했지. 그때까지 내려오는 모든 의학 지식과 당시의 지식을 모두 포함하면서도 요점을 잘 뽑아 실었어. 병 증상이 2천여 가지고, 이들 증상의 처방이 4천여 가지인데, 이 모든 걸 편하게 찾아볼 수 있게 정리한 거야.

　더욱 중요한 것은 약재료 1,400개를 소개하는데 그중에서 1,300개가

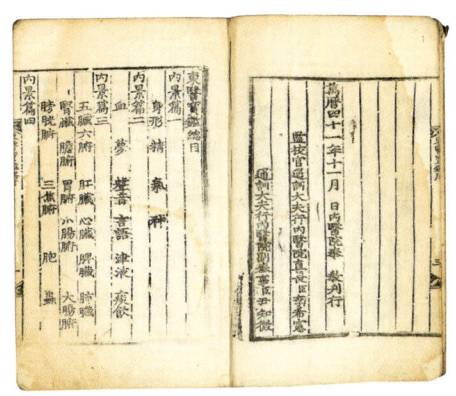
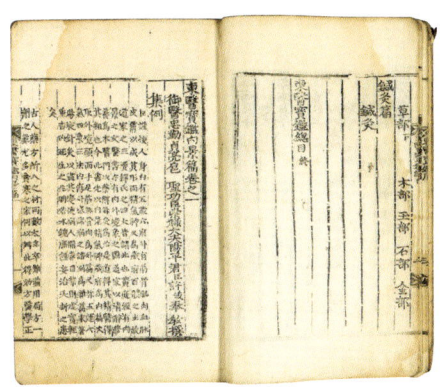

『동의보감』 차례(왼쪽)와 본문(오른쪽)

국산이라는 거야. 그동안 나왔던 의서들은 다 중국산 약이 적혀 있어서 알아차리기 어렵고 구하기도 힘들었거든. 그런데 이제 주위 들이나 산에서 찾을 수 있는 약초가 처방에 있으니 얼마나 쉬워. 이름까지 한글로 씌어 있으니 보는 이들이 감탄을 했지.

우리나라에서만 좋아한 게 아니야. 당시 의학 기술이 발달했다고 자부하던 중국에서도 일찍이 『동의보감』을 번역했어. 중국 백성들에게 꼭 필요한 책이라 여겼던 중국의 학자, 능어라는 사람이 한 일이야. 능어는 자기가 돈을 대서 『동의보감』 번역 책을 찍어 내며 머리말에 이렇게 썼지.

"이 책은 조선의 허준이 쓴 것이다. 멀리 사는 외국 사람이지만, 학문의 이치란 땅이 멀다고 해서 전해지지 않는 것은 아니다. 『동의보감』은 이미 중국의 황제가 보고 최고 수준이라는 것을 인정하였다. 하지만 안타깝게도 여태까지 황실 도서관에만 간직된 채로 있어 세상 사람들이 엿보기 어려웠다. 천하의 보배는 마땅히 천하가 함께 나누어야 할 것이다. 그래서 거금을 내어 이 책을 찍는다."

『동의보감』이 세상에 나온 지 170년쯤 지났을 때, 우리나라의 박지원이라는 학자가 중국에 갔어. 북경에서 서점과 골동품으로 유명한 거리를 걷고 있는데 『동의보감』이라고 씌어 있는 책을 본 거야. 박지원은 감격했어. 당시 선진 문물을 자랑하는 중국에서 조선의 의서를 소중히 여기고 있다는 걸 증명하는 거였으니까.

이렇게 중국은 물론이고 지금까지 일본, 대만, 베트남 등의 나라에서 『동의보감』을 찍어 낸 횟수가 수십 회나 된다고 해. 『동의보감』은 가히 동아시아의 베스트셀러가 된 거야.

몸을 건강하게 하는 '양생'

『동의보감』에는 양생(養生), 그러니까 몸 상태를 좋게 하는 방법이 나와. 몸 상태가 좋으면 질병은 저절로 막을 수 있다고 여겼거든. 우리 몸이 자연을 본받은 것이니까 대자연의 원칙을 따라 살아야 한다는 거야. 『동의보감』에서는 사람의 자연스러운 수명이 120세이고, 이걸 누구나 누릴 수 있다고 했어. 양생을 잘하면 그리 된다는 거지. 여기서 잠자고 일어나는 시간에 대한 예를 한 가지만 들어볼게.

봄에는 늦게 자고 일찍 일어나며,
여름과 가을에는 밤이 깊어서야 자고 일찍 일어나며,
겨울에는 일찍 자고 늦게 일어나도록 하라.
일찍 일어난다 해도 닭이 울기 전에는 일어나지 말 것이며,
늦게 일어난다 해도 해가 뜬 후까지 있지는 말라.

5.18 민주화 운동은 한국에서 민주주의를 이루는 데 태풍 같은 역할을 했어. 이 거대한 바람은 민주화의 씨앗을 이웃 나라에도 날려 보냈지. 동아시아 여러 나라에서도 민주화 운동이 일어났거든. 5.18 민주화 운동 뒤 한국의 인권은 아시아 인권 운동의 모범이 됐어. 유엔 인권위원회에서는 한국의 일을 참고하여 인권 보상 규칙을 정하는 기준을 마련했지. 세계의 많은 학자들과 인권 활동가들은 5.18 민주화 운동이 민주주의와 인권을 위한 전환점이었다고 말해.

8장

독재는 안 돼요,
1980년 인권 기록 유산 5.18 민주화 운동 기록물

1980년의 봄

1979년 12월 12일, 군인 전두환이 이끄는 반란 세력은 힘을 마구 휘둘렀어. 당시 대통령을 허수아비로 만들었지. 언론의 입도 막았어. 나라를 마음대로 움직이려는 거야. 시민들은 군인들이 힘을 함부로 휘두르는 걸 두고 볼 수 없었어.

"전두환은 물러가라!"

"언론의 자유를 보장하라!"

군인이 물러가고 민주국가가 되는 것을 시민들은 간절히 바랐어. 인권과 평화를 외치는 소리는 점점 커졌고, 1980년 봄엔 온 거리에 함성이 쩡쩡 울렸지. 그러자 전두환은 당시의 비상계엄령˚을 지역에서 전국으로 확대하여 명령하고 은밀하게 음모를 꾸몄어.

• 비상계엄령 | 나라가 비상사태일 때 계엄 사령관이 행정과 사법권을 모두 갖고 시민의 자유는 제한하는 명령이야.

민주화 열기가 가득한 광주에 공수 부대를 보낸 거야. 공수 부대는 적과의 싸움에서 적진 깊숙이 쳐들어가게끔 특별하게 훈련된 군인 부대야. 시민들이 벌인 민주화 시위에 이런 공수 부대를 보내다니 말이 안 되는 일이지. 명령을 받은 공수 부대는 광주에서 맨손으로 민주화를 외치는 시민들에게 폭력을 휘둘렀어. 어른이고 학생이고 가리지 않고 무자비하게 시민들을 잡아들였지. 심지어 중학생도 있었는데 말이야. 시민들은 머리가 깨지고 갈비뼈가 부러지고 피가 솟는데도 무장한 군인들에게 굽히지 않고 민주화를 외쳤어.

시민들이 강하게 버티자 정권을 잡은 전두환은 더 많은 군인을 무장시켜 광주에 보냈어. 5월 27일 새벽, 광주에는 이런 목소리가 울려 퍼졌지.

"군인들이 쳐들어오고 있습니다. 시민 여러분! 우리를 잊지 말아 주십시오!"

전두환 일당은 광주의 시민들을 사냥감처럼 몰고 총을 겨눴어. 이 상황을 목격하고 해외로 보도한 기자들은 그 어떤 경우보다 잔인하고 폭력적이었다고 증언해.

이때 사망한 사람이 160여 명, 부상당한 뒤에 사망한 사람이 83명, 행방불명된 사람이 47명, 부상당한 사람이 2,710명, 끌려가서 구치소에 갇힌 사람이 508명이야. 밝혀진 것만 그래.

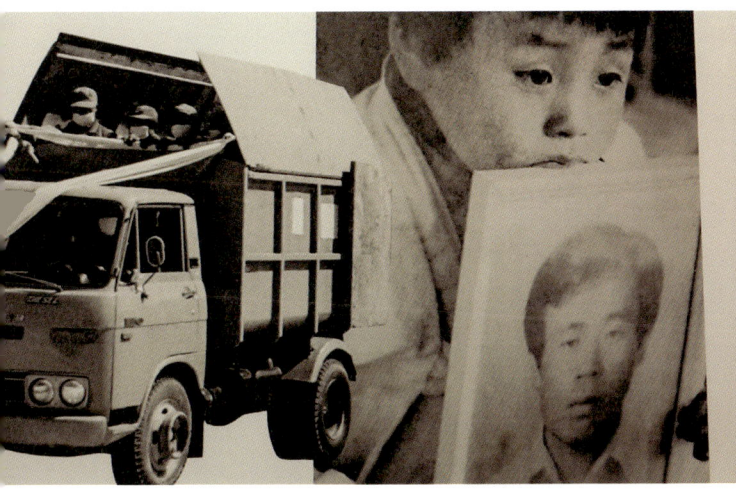

시체 운구 차량과 고인이 된 아버지의 영정 사진을 든 아이

시위대와 공수 부대의 대치 모습

역사의 심판

1980년 봄에 지펴진 민주화의 불씨는 꺼지지 않았어. 계속 이어지던 민주화 운동은 1987년 6월, 백만여 명이 모인 민주화 시위로 이어졌지. 누르면 누를수록 민주화를 위한 열망은 높아만 갔던 거야.

당시 정권을 잡고 있던 군인 출신 노태우는 6월 29일 대통령 직선제를 선언할 수밖에 없었어. 그러니까 공정한 경쟁으로 국민들이 대통령을 직접 뽑는다는 약속을 하게 된 거야. 지금은 당연한 것처럼 보이는 대통령 선거의 권리는 수많은 사람의 희생으로 이루어 낸 거야.

1997년 4월 17일, 대한민국에서는 군인으로 독재 정치를 했던 두 명의 전직 대통령 전두환과 노태우를 법정에 세우고 죄인으로 선언했어. 수많은 사람의 인권을 짓밟고 정권을 잡았던 두 사람이 역사의 심판대에서 유죄를 받은 거야. 당연한 결과야. 군인의 자리를 이용해서 힘으로 시민의 자유를 빼앗았으니까. 역사는 힘을 마음대로 휘두르려고 한 자들에게 값을 치르도록 심판한 거야.

당시 정권을 잡은 군인들은 광주에서 민주화를 외치던 사람들을 폭도라고 불렀어. 하지만 이제 그들은 명예를 되찾아 민주화 운동을 한 의로운 사람으로 불려. 억울하게 스러져 간 사람들이 묻힌 공동

1987년 민주화 시위

노태우, 전두환 전 대통령 선고 공판

묘지는 국립묘지가 되어 나라의 보살핌을 받게 되었지.

  5.18 민주화 운동은 이웃 나라에도 영향을 주었어. 필리핀의 민중 혁명, 태국과 인도네시아의 민주화에 영향을 주었고, 대만에서 계엄령˙을 풀고 민주화를 이끌어 내는 데 중요한 역할을 했어. 중국과 베트남에서 개혁을 이끄는 데도 영향을 주었고, 동유럽의 민주화에도 힘을 실어 줬지.

  5.18 민주화 운동과 관련된 여러 가지 문서와 사진 영상은 유네스코 세계기록유산이 되었어. 지구촌 모든 이가 이 숭고한 운동을 기억하고 후손에게 물려주자는 뜻이야. 1980년 5월 18일부터 27일 새벽까지 열흘 동안 죽음을 무릅쓰고 민주주의를 위해 일어난 사람들을 우리가 기억하는 한 그들의 희생은 헛되지 않을 거야.

• **계엄령** | 군대의 힘을 쓸 수 있게 경계를 하는 명령이야.

『일성록』은 조선 말기의 역사 기록이야. 조선 시대 엄청난 힘을 갖고 있던 왕들은 나라를 어떻게 다스리는지 스스로 돌아보고 반성할 뜻으로 일기를 적었어. 누가 시키지도 않았는데 정조대왕이 세손이던 때부터 혼자 반성하려고 썼던 일기에서 시작된 거야. 그 뒤를 이은 왕들도 대를 이어 일기를 쓰는 것이 전통이 되어 조선 말기의 훌륭한 나라 기록물이 되었지. 이런 종류의 기록은 그동안 지구촌 어디에도 없던 유일한 거야.

『일성록』에는 특히 백성들과 왕이 어떻게 의견을 나누었는지 자세하게 나와. 조선의 왕이 백성과 소통하려고 얼마나 노력을 했는지, 민권이 어떻게 커졌는지 『일성록』을 통해 잘 알 수 있어. 나라 밖으로는 다른 나라와 어떻게 정치와 문화를 나누었는지, 서양의 과학 기술이 동아시아에 어떻게 퍼졌는지도 자세히 나와. 그러니까 18세기에서 20세기까지 나라 안팎의 형편을 아는 데 중요한 기록이야.

9장

하루를 반성하는 왕의 일기,

일성록

하루에 세 번 반성한다

"매일 세 번 스스로 반성한다."

이건 증자라는 옛 어른의 말씀이야. 『일성록』의 머리말에 있는 내용이지. 정조(조선 제22대 왕)는 왕세손일 적에 『논어』에 나오는 이 글을 보고 감동을 받았다고 해. 그래서 매일 일기를 쓰기 시작했어. 자신을 돌아보며 반성하기에 일기만 한 게 없잖아. 그때 정조가 머물렀던 곳이 존현각이어서 이때의 일기를 '존현각일기'라고 불러.

정조가 왕의 자리에 오른 지 5년이 되었을 때 이런 말을 했어.

"나는 일기를 쓰는 버릇이 있다. 아무리 바쁘고 번거로운 일이 있을 때라도 잠자리에 들기 전에 반드시 기록하여 하루에 세 가지를 반성한다는 뜻이다. 살펴 돌아보는 것뿐 아니라 마음의 힘을 살피기 위해 지금까지 버리지 않고 두었으니 헛된 말을 썼다고 할 수는 없다. 장차 이를 후세에 전하려고 하는데 범례를 만들기가 매우 어렵다. 잘 만들어 전하지 않는다면 '정원일기'와 다를 것이 없으니 어찌하면 되겠는가?"
— 『정조실록』, 정조 5년 8월 19일

일기를 쓰는 이유를 밝힌 것은 왕의 일기를 앞으로도 계속 쓰도록 만들겠다는 거야. 그 기록을 후손에게 전하겠다는 거지. 『정원일기』가 되지

- **증자** | 먼 옛날(기원전 506~기원전 436)에 살았던 중국의 철학자야. 증자가 『논어』라는 책의 '학이'라는 장에서 이렇게 말했어. "나는 날마다 세 번 나 자신을 되돌아보며 반성한다."
- **존현각** | 정조(1752~1800)는 왕세손이 된 1762년부터 경희궁에서 생활했어. 이때 경희궁에 있는 건물 하나를 2층 건물로 고치고 1층을 존현각이라 이름 지었지.

앉으려면 어떻게 하면 좋을지 신하들에게 묻고 있는데, 사실은 좋은 틀을 잘 만들라는 것처럼 보여. 여기서 '정원일기'란 『승정원일기』야.

　기록의 왕국 조선에 기록이 그리 많아도 정작 정조가 원하는 기록은 아직 없었나 봐. 『조선왕조실록』은 뛰어난 기록이지만 아무리 왕이라 해도 펼쳐 볼 수가 없었어. 『승정원일기』는 왕이 한 말을 그대로 적었기 때문에 분류가 안 되어 있어서, 어떤 일을 찾아보려고 할 때 여간 어려운 게 아니야. 또 지방에서 생긴 일은 자세하게 쓰지 않았어. 어사 같은 사람이 지방을 돌며 보고한 기록 같은 건 『승정원일기』에 없었지.

　정조는 왕이 수시로 돌아보며 참고할 수 있는 기록이 필요하다고 여긴 거야. 그리고 그다음 왕들도 계속 쓰게 하려는데 다른 기록이랑 겹치면 안 되잖아. 특히 『승정원일기』와 차이를 두려면 어찌하면 좋을지 고민한 거야.

　정조는 왕세손 때부터 썼던 일기를 왕이 되어서도 계속 썼어. 어려서는 몸이 아파서 그날 공부를 못 했다는 식의 내용도 있지만, 나중에 쓴 내용은 거의 나랏일에 관한 거였지. 이걸 발전시켜서 나랏일을 하는 데 참고할 수 있는 자료집을 만들겠다는 거야. 그래서 원할 때 맘껏 펼쳐 보고, 후손에게도 물려주고 싶었나 봐.

찾아보기 쉬운 책

　조선 시대에는 정말 많은 기록이 있어. 『조선왕조실록』, 의궤, 『승정원일기』 등 수천 권짜리 기록이 즐비하지. 그런데 『일성록』은 사람들에게 잘 안 알려져 있어. 무려 151년간 2,327책이라는 어마어마한 기록 유산으로 전해 내려오는데 말이야.

　『일성록』은 정조가 왕세손이던 때 개인적인 일기에서 시작했어. 정조의 노력과 관심 덕분에 『일성록』은 조선 151년(1760년~1910년)에 걸쳐 나랏일을 상세하게 다룬 어마어마한 기록이 됐지. 정조가 왕위에 오른 지 7년(1783년)이 된 때부터는 『일성록』을 왕이 직접 쓰지는 않았어. 규장각 검서관이 기록하여 규장각 관리와 임금이 고치는 방식으로 바뀌었지. 공적인 업무를 기록하는 문서의 틀을 갖춘 거야.

　특이한 점은 일이 일어난 순서대로 적지 않고 중요한 순서대로 적었어. 나랏일을 하는 데 참고하기 좋게 한 거야. 또 나랏일을 11가지로 나누어서 제목을 달았지. 마치 분류학을 공부한 사람이 나눈 것처럼 다시 볼 때 찾기 쉽게 한 거야.

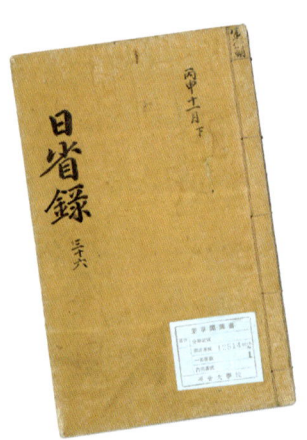

『일성록』

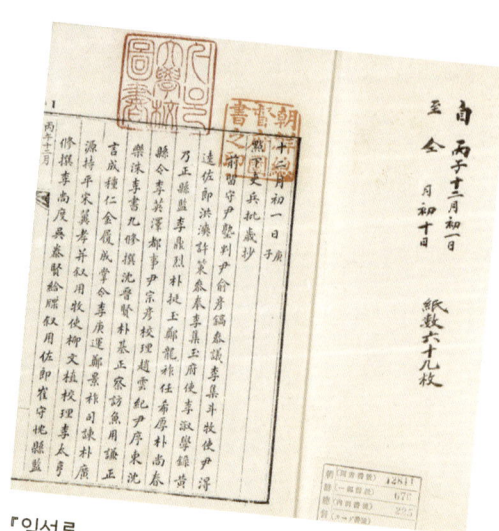

『일성록』

검서관 벼슬

　규장각의 관료를 도와 책을 검토하고 쓰는 일을 하는 관직이야. 정조는 검서관의 벼슬에 서얼을 임명했어. 서얼은 양반인 아버지와 양반이 아닌 어머니를 둔 자식이야. 어머니가 양민이면 서자, 어머니가 천민이면 얼자로, 이들을 서얼이라고 불렀어. 당시엔 신분이 엄격했기 때문에 양반이 아니면 아무리 학식이 높아도 벼슬자리를 얻을 수 없던 때야. 그런데도 정조는 서얼의 신분 차별을 없애고 능력 있는 인재를 찾으려고 노력했지.

　처음 검서관의 자리에 올랐던 사람은 이덕무, 유득공, 박제가 같은 사람들로, 이들은 서자였지만 훌륭한 검서관인 것은 물론이고, 실학을 연구한 뛰어난 학자요, 당대의 문장가였어.

나랏일의 11가지 분류

1. **천문류** : 날씨와 비 올 경우의 강우량, 비, 눈, 서리 올 때 몇 시부터 몇 시까지인지 기록
2. **제향류** : 왕실과 국가에서 지내는 공식적인 제사 준비 과정과 시행, 종묘사직에 올리는 공식 제사와 기우제 같은 특별한 목적이 있는 제사도 전체 내용을 기록
3. **임어소견류** : 임금과 신하가 모여 국정 운영에 대해 회의를 한 내용과 참석한 신하와 장소 기록
4. **반사은전류** : 국왕이 백성이나 신하에게 은전을 내린 사례로, 한 해를 시작할 때 농사짓는 것을 격려하기 위해 내리는 말이나 법령과 물난리, 불난리가 났을 때 집을 잃은 사람들을 도운 일, 공을 세운 신하에게 상 준 일 기록
5. **제배체해류** : 벼슬자리에 인재 뽑은 일 기록
6. **소차류** : 관료나 유생이 올린 상소에 대한 국왕의 답 기록
7. **계사류** : 중앙 관청에서 일에 대한 허락을 받기 위해 국왕에게 보고한 것과 이에 대한 국왕의 답 기록
8. **초기서계별단류** : 국왕에게 보고하는 여러 사항과 처리를 실록이나 『승정원일기』보다 자세하게 기록
9. **장계류** : 개인적인 일로 지방에 간 관료나 지방 관리가 일을 하면서 국왕에게 보고한 내용, 죄인 처벌, 재난 피해 상황 보고 등 여러 가지 내용 기록
10. **과시류** : 각종 과거시험에 붙은 사람들 이름, 시험 감독한 사람 이름 등 기록
11. **형옥류** : 관원에 대한 처벌, 전국의 감옥에 갇힌 죄인의 사건 내용, 죄의 종류, 처벌, 석방 등을 자세하게 기록

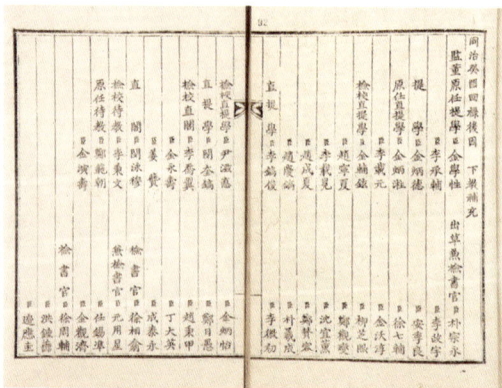

『일성록』 차례

『일성록』에서 가장 많이 나오는 말 중에 하나는 소민(평민)과 격쟁이야. 격쟁은 백성들이 억울한 일을 당했을 때 임금의 행차에서 꽹과리나 징을 두드려 알리는 일인데, 그 소리를 들으면 왕은 행차를 멈춰. 그 자리에서 백성들이 무얼 원하는지 듣고 서로 의견을 나누려는 거지. 『일성록』에는 격쟁이 수백 차례 나와. 그만큼 왕이 백성의 삶과 소리에 관심을 기울였다는 증거야. 정조는 이런 방식으로 백성을 아끼며 나라를 다스리는 방법을 후대 왕에게 알려 주고 싶었던 것 같아.

『일성록』은 『승정원일기』처럼 하루하루를 기록의 단위로 했어. 크게 닷새마다 기록을 모아 깨끗이 다시 쓰고, 교정을 한 다음 검서관이 서명을 하여 책임을 확실하게 했지. 그러다 순조대로 가면 5일에 한 번 보던 것이 한 달 정도로 뜸해지기도 했어.

국왕은 검서관이 올린 걸 보고 잘못된 걸 고치는 등 기록 과정을 엄정하게 관리했어. 제대로 쓰지 못하는 검서관은 자리를 떠나야 했을 정도야. 실제로 서이수 같은 검서관은 『일성록』에 잘못된 글자를 많이 썼다고 쫓겨났지. 이런 엄격한 관리가 나중에까지 전통이 되어 어마어마한 기록물로 이어 내려온 거야.

『난중일기』는 일본이 조선을 침략한 임진왜란(1592~1598)의 역사적인 기록이야. 이순신 장군은 왜적과 싸우는 전쟁터에서 7년 동안 거의 매일 일기를 썼어. 일기에는 나라 안팎의 형편, 전쟁의 형편 등을 두루 살폈지. 7년 전쟁, 임진왜란 중에 뭍에서의 전쟁에 관한 기록은 많은데 바다에서의 전쟁 기록은 오직 『난중일기』뿐이야. 당시 아시아 동쪽 나라들의 형편과 군사적 갈등을 담은 귀한 자료여서 사람들은 『난중일기』를 세계사 연구에서 중요하게 다루고 있어. 적의 총포탄을 막기 위해 세계 최초로 배 위에 특수한 강철판을 덧싼, 장갑선이라고 알려진 거북선 기록도 세계 전쟁의 역사를 연구하는 데 중요해. 또 『난중일기』는 일기 문학의 수준과 이순신 장군이 직접 쓴 흘림글씨까지 빼어나 세계기록유산으로 지구촌 모든 이의 보물이 되었지.

10장

임진왜란의 역사적인 기록,

이순신 장군의 난중일기

명장 이순신

1592년 임진년에 쓴 『난중일기』는 왜적에 대비하는 점검으로 시작해. 맡은 지역을 돌아보며 병사들의 상태와 배, 무기 등을 살피는 일이지. 전쟁은 준비가 중요하니까. 벼슬아치건 벼슬아치 밑에서 일을 보던 구실아치건 맡은 일을 허투루 한 경우에는 따끔하게 벌을 주었어. 배를 수리하지 않은 병사는 곤장을 치고, 백성들이 사는 집에 해를 끼친 구실아치한테도 곤장을 쳤어.

한 번은 왜적이 온다는 소문을 듣고 병사 한 명이 달아났어. 이순신은 그를 잡아 오라 명하고 목을 베어 군중 앞에 높이 매달게 했지. 다시는 도망치는 병사가 없게 하려는 거야. 그렇다고 이순신이 엄하기만 했던 건 아니야. 부하였던 사람이 사정이 궁핍한 때는 옷까지 벗어 주었어. 축대 하나를 쌓더라도 그걸 좋은 위치에 제대로 쌓았는지 확인하여 잘한 병사의 이름을 적어 칭찬을 했지. 상을 줘야 할 사람은 나라에 간곡한 편지를

- **난중일기** | 『난중일기』는 이순신 장군의 친필이 남아 있는 것만 세계기록유산으로 등재되어 있어. 여기에서는 정조 때 이순신 장군의 일기를 모아 펴낸 『이순신 전서』에 나오는 「난중일기」를 바탕으로 했어.

써서 추천을 하기도 했어. 언젠가는 길을 가던 중에 산에서 본 들꽃과 들풀이 그림처럼 아름답다고 쓰는 낭만적인 모습도 『난중일기』에 나와.

수군을 맡아 해안가 땅 모양이나 바다의 깊이, 물살, 섬의 모양을 살피는 건 해전을 준비하는 장수의 기본이야. 군사를 지휘하여 전쟁하는 방법을 설명하는 책인 병법에는 적을 알고 나를 알면 백전백승이라고 나와. 이순신은 나를 알고 적을 알면 위태롭지 않다고 했어. 그러니까 먼저 나를 철저하게 살펴 준비해야 한다는 거야.

이순신 초상화

임진년 4월에 왜군이 쳐들어왔다는 통문이 왔어. 전쟁 준비가 안 된 상황에서 적이 몰려오자 뭍에 있던 병사들은 도망치기에 바빴지. 왜군은 20여 일 만에 한양까지 쳐들어갔고, 선조 임금은 한양을 떠나 평양으로, 평양에서 또 의주로 피난을 갔어.

이순신은 수군을 이끌고 옥포 바다로 나가 크게 이겼어. 그런데 이 부분은 일기에 나오지 않아. 다른 기록(『선조실록』 25년 6월)에 나와. 온 나라가 왜적 때문에 신음하고 있을 때 이순신 장군이 옥포에서 이기니 모두가 기뻐했지. 드디어 희망의 씨앗이 생긴 거야.

이순신은 그 뒤로도 나가는 싸움마다 이겨서 왜군의 숨통을 조였어. 명량 해전에서는 12척의 배를 이끌고 왜적의 배 133척을 맞아 크게 이기기도 했지. 이것은 타고난 지도력과 지혜가 있어서 가능했을 거야. 무엇보다 적을 대비하여 미리 꼼꼼하고 철저하게 준비한 덕분이겠지.

• **통문** | 여러 사람의 성명을 적어 차례로 돌려 보는, 통지하는 문서야.

옥포 해전에서 이긴 것은

조선에서는 옥포 해전 승리 덕분에 전쟁을 치를 힘을 살필 수 있는 기반을 만들었어. 군사 식량을 나르고 통신도 계속해 전라도와 충청도, 황해도와 평안도까지 지킬 수 있었지. 원래 왜군은 수군과 육군이 힘을 합해 조선의 서쪽을 공격하려고 했어. 그래야 서해안을 통해 전쟁에 필요한 것들을 실어 나를 수 있거든. 그런데 옥포 싸움에서 져 보급로가 끊기니 뭍에서 아무리 쳐들어간들 버티기가 어렵게 되었지. 그때 이미 평양성을 차지한 일본 장수는 뒤를 봐 줄 지원군과 보급품이 끊기자 더 이상 공격해 나갈 수 없었던 거야.

인간 이순신

　이순신은 이기는 싸움만 했어. 싸우기 어려운 곳에 적이 있으면 적을 끌고 나와 원하는 곳에서 싸워 이겼지. 수많은 전투에서 만 번도 더 죽을 고비가 있었지만 죽음을 각오하고 싸웠다는 글이 일기에 나와. 그러다가 이순신은 부상을 당하고 말아. 사천 바다에서 싸울 때였어.

　"왼쪽 어깨 위에 탄환을 맞아 등을 관통했으나 중상은 아니었다."
- 이순신의 『임진일기』 4월 29일(음력)

　일기에는 총을 맞은 게 별것 아닌 것처럼 써 놓았어. 하지만 총에 맞았는데 어찌 아무렇지 않을 수가 있겠어? 다른 기록을 보면 어땠는지 자세하게 알 수 있어.

　"이순신이 총알을 맞았다. 피가 어깨에서 발꿈치까지 흘러내렸지만 그는 아무런 반응도 보이지 않았다. 싸움이 끝난 뒤에야 비로소 박힌 총알을 빼냈다. 칼로 살을 가르고 박힌 총알을 빼내는 동안 곁에서 보던 사람들의 얼굴은 까맣게 질렸다. 하지만 이순신은 태연히 말하는 모습이 전혀 아픈 사람 같지 않았다."
- 유성룡의 『징비록』

　싸움터에서 몸에 총탄이 박혀도 아랑곳하지 않던 이순신은 아픔도 모르는 사람일까? 그렇지 않아. 이 일기를 봐.

"새벽부터 몸이 몹시 불편하여 종일 괴로웠다. 밤새도록 앓았다."
— 『갑오일기』 4월 25일(음력)

"너무 아파서 거의 정신을 차릴 수가 없었다."
— 『갑오일기』 4월 26일(음력)

얼마나 아팠으면 이리 썼을까? 생살을 찢고 탄환을 꺼낼 때도 꿈쩍도 안 할 정도로 잘 참았는데 말이야. 그런데 이렇게 몸이 아픈 게 여러 차례야. 오랜 전쟁에서 하루인들 잠을 제대로 잤겠어? 어떤 날은 근심 걱정에 잠 못 이루었을 테고, 한숨 쉬며 지새운 날도 있었을 거야. 상처는 낫지 않고 통증은 계속되고, 게다가 모함으로 감옥에서 고통을 당했으니 얼마나 힘들었을지 상상이 돼.

몸만 아팠던 게 아니야. 아내의 남편이자 어머니의 아들이며 아들의 아버지로서 가슴 아픈 일도 많이 겪었어. 전쟁 중에 아내가 병을 얻었고, 어머니가 돌아가셨으며, 막내아들도 세상을 떠났지.

그렇게 아픈 일이 많은데도 이순신은 수많은 해전에서 싸워 이겨 조선을 구해 냈어. 빼어난 명장이면서 너무나 인간적이던 이순신 장군은 수백 년이 지난 지금도 대한민국 최고의 영웅이야. 이순신 장군은 떠났지만 『난중일기』를 통해 지금도 후손들의 마음에 생생하게 살아 있어.

『난중일기』

수결 연습

『난중일기』 중 수결 연습

수결은 서명과 같은 거야. 옛날에 자기 이름 아래에 도장 대신 써서 자신을 알리던 글자를 수결이라고 해. 장군은 일기장 한쪽 가득 수결 연습을 했어. '一心(일심)'이라는 글자를 흘림글씨로 연습한 거야. 이걸 보면 이순신 장군도 우리와 비슷한 모습이었던 것 같아 웃음 짓게 돼.

이순신 장군이 쓴 건 『난둥일기』가 아니다?

'난중일기'란 제목은 이순신 장군이 붙인 게 아니야. 장군은 『임진일기』, 『계사일기』, 『갑오일기』, 『을미일기』, 『병신일기』, 『정유일기1』, 『정유일기2』, 『무술일기』까지 해마다 그 해의 육십갑자를 따진 년도를 붙여서 7권 8책을 썼어.

그런데 장군이 돌아가신 지 2백 년 뒤, 정조대왕 때 장군을 기리려고 장군의 모든 글을 새로 펴냈지. 그때 1592년 1월 1일부터 1598년 11월 17일까지의 일기를 '난중일기'라고 제목을 붙인 거야. 전란 중에 쓴 일기라는 뜻이지. 그런데 지금 이순신 장군의 친필로 쓴 일기 전체가 전해지는 것은 아니야. 1592년 5월 1일부터 1598년 10월 7일까지만 전해지고 있고, 이 친필 일기만 세계기록유산으로 정해져 있어. 그중 『을미일기』는 지금 전해지지 않아 모두 7권 7책의 일기만 세계기록유산이 된 거야.

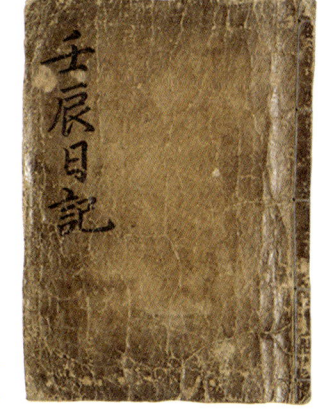

『난중일기』.
표지에 '임진일기'라고 쓰여 있다.

새마을운동은 잘살아 보자는 뜻으로 농민이 적극적으로 참여해 여러 가지 열매를 맺은 지역사회 프로그램이야. 한국 전쟁을 겪은 뒤에 한국의 농촌은 살기가 힘들 정도로 가난했어. 그런데 새마을운동을 하면서 소득이 늘어났어. 농사에 과학을 끌어들였으며, 지역사회 주민이 참여하는 회의도 정기적으로 열었지. 정부의 지원을 바탕으로 한 사람 한 사람이 부지런하고 성실하게 일했고, 모두 힘을 모았어. 전국 3만 4천여 마을에서 새마을운동이 성공적으로 이루어졌고, 이것은 나라 전체가 경제적으로 성장하는 받침이 되었지. 이제 새마을운동 과정을 낱낱이 적은 기록물은 지구촌의 유산이 됐어. 그렇다고 해서 당시 대통령의 업적이 덩달아 높아지는 건 아니야. 기록 유산으로서의 가치와 정치인의 평가는 같지 않을 수 있고, 평가하는 측면이 서로 다르니까.

11장

다 함께 영차영차,
새마을운동 기록물

 ## 새벽부터 새마을운동

아침에 잠이 덜 깼는데 어디선가 알람이 울리면 괴로워. 어쩌다가 한 번 울리는 것도 그런데 매일 새벽에 울린다면 어떨 것 같아? 그것도 밖에 있는 커다란 스피커에서 동네방네 울려 퍼지는 거라면?

새마을운동은 꼭두새벽 온 동네에 울리는 노래로 시작해.

"새벽종이 울렸네. 새 아침이 밝았네.
너도 나도 일어나 새마을을 가꾸세.
살기 좋은 내 마을 우리 힘으로 만드세."

밤 문화 정화 새마을운동

이런 노래가 4절까지 있는데 마을마다 아침저녁으로 틀었어. 이 노래 말고도 애국가와 몇 가지 노래가 더 있지. 시작하는 시간은 마을마다 조금씩 달랐지만 한결같이 이른 아침이었어. 이걸 다 들으면 안 일어날 수가 없을

거야. 새마을운동은 이렇게 시작했어. 닭이 홰치는 소리보다, 소가 음매 하는 소리보다, 맴맴 울어 대는 매미보다 더 큰 노랫소리로 말이야.

사람들은 새벽부터 일어나 열심히 일했어. 그땐 잘살자는 것, 그것 하나밖에 없었으니까. 일제 강점기와 한국 전쟁을 겪으면서 배를 곯아 본 어른들은 먹는 게 얼마나 중요한지 알았어. 그래서 자식들한테만은 잘사는 나라를 물려주고 싶은 마음이 간절했을 거야.

송충이 잡기 새마을운동

1970년대 대한민국 농촌은 무척 가난했어. 정부에서는 농촌이 한가한 겨울철에 마을마다 시멘트 3백여 포대씩을 나눠 줬어. 그걸로 마을 사람들이 스스로 어떤 사업을 하게 맡겨 두었지. 마을에서는 좁은 길을 넓히고, 담장이 없거나 무너진 곳을 바로 세웠어. 시멘트로 할 수 있는 일을 벌이며 마을을 정비하기 시작한 거야. 나라에서는 지도자를 뽑아 농사 잘 짓는 법을 가르치고, 어떻게 협동하면 좋은지 조언해 줬어. 협동 사업이 잘 이루어지는 마을에는 지원을 더 많이 했지.

　전기가 안 들어가는 곳에 전기를 넣는 공사도 하고, 하천도 깨끗하게 치웠어. 농촌의 새마을운동은 점점 잘되어 갔고, 도시에까지 퍼졌어. 전체 30,267개 마을에서 환경을 고치고 다듬었지. 아주 짧은 시간 안에 나라 전체의 환경을 좋게 고치는 데 많은 도움이 된 거야.

새마을운동으로 하천을 청소하는 모습

세계 곳곳에 새마을운동

　새마을운동은 1970년부터 10년 동안 활발하게 일어났어. 그 결과 농촌 한 집의 수입은 다섯 배나 늘어났지. 먹고살기 힘이 들었던 농촌 마을에서 시멘트를 퍼 나르고, 길을 넓히면서 실제로 원하는 만큼 먹을 수 있게 되었다는 건 대단한 일이야.

　새마을운동은 지구촌 다른 나라에 소문이 났어. 못 살던 마을이 새마을운동으로 잘살게 되었다니 귀가 솔깃한 일이잖아. 소문을 들은 사람들은 아시아는 물론 아프리카에서도 새마을운동을 배우러 한국에 왔지. 103개 나라에서 5만여 명이 새마을운동 교육을 받았다고 해.

　새마을운동을 보고 배운 베트남, 르완다, 네팔 같은 나라 사람들은 그들의 마을에서 새마을운동을 펼쳐 나가고 있어. 다른 여러 나라에서도 새마을운동 계획을 세우고 있나 봐. 지구촌 사람들은 새마을운동과 연관이 있는 여러 가지 기록을 보호해야 한다고 생각해. 후손에게 물려줄 가치가 있다고 여기는 거야.

'KBS 특별 생방송 이산가족을 찾습니다' 기록은 전쟁이 얼마나 아픈 상처를 남겼는지 전 세계를 가슴 뭉클하게 만드는 기록이야. 지구상에 나라가 나뉘고 가족이 헤어진 경우는 그동안 많았어. 하지만 그 슬픔과 그리움이 텔레비전 프로그램을 통해 이렇게 강하고 생생하게 나온 건 처음이야. 이 기록은 세계적인 화제가 됐어. 헤어진 가족을 만날 수 있게 돕는 것은 사람이 마땅히 할 도리라고 큰 박수를 받았지. 생방송이 무려 138일 동안이나 이어져 역사상 없던 시청률을 기록하고, 각 분야에서 자원봉사의 문화를 만들어 내기도 했어. 이 방송 덕분에 남북한 이산가족이 처음으로 만나는 역사적인 일까지 이루어졌어. 텔레비전이라는 매체가 나온 뒤 가장 오래, 가장 큰 규모의 참여가 이루어진 기록이야.

가족을 만난 사람, 못 만난 사람, 그리고 지켜본 사람 모두 눈물을 흘린 방송이었어. 가슴 아프면서 아름다운 이 기록은 지구촌 후손에게 남겨 줄 소중한 유산이야.

12장

KBS 특별 생방송 이산가족 찾기

헤어진 가족

한국 전쟁이 휴전을 한 뒤 30년이 지난 1983년, 대한민국에 가족과 헤어져 살던 사람은 천만여 명이나 됐어. 그때 전체 인구가 4천만여 명이었으니, 네 집에 한 집 꼴이야. 일제 강점기에 이어 한국 전쟁이 났고, 휴전선이 생겨서 땅이 나뉘었으니 헤어진 가족이 많았지. 전화도 귀하고 인터넷도 없던 시대라서 한 번 헤어지면 찾기가 더욱 어려웠어.

그런데 텔레비전에서 헤어진 가족을 찾는 방송이 나온 거야. 여동생을 잃어 버린 오빠는 방송국에 전화를 했어.

"다섯 살 때 헤어진 우리 동생을 찾아 주세요!"

오빠가 동생을 찾는 소식이 방송에 나가자 꿈같은 일이 벌어졌어. 동생이 나타난 거야. 제주에

가족을 찾는 종이가 가득 붙어 있는 여의도 kbs 방송국 벽

144

살고 있는 동생이 방송을 보고 방송국에 전화를 했지. 방송으로 전화 연결이 되자 오누이는 울음을 참지 못했어. 30년 동안 그리움을 달래며 헤어져 살았는데 드디어 만나게 된 거야.

  이들처럼 가족과 헤어진 사람들은 그리움의 눈물을 그렁그렁하며 방송국을 찾았어. 방송국 앞 광장은 가족을 찾는 팻말로 가득 찼지.

  이 방송은 한국 전쟁 휴전 30주년을 맞아 90분 특집으로 계획한 거였어. 그런데 저마다의 사정과 안타까움이 물밀듯이 밀려오는 거야. 그들의 간절한 마음을 모른 척할 수 없어 생방송이었지만 도저히 끝낼 수가 없었어. 5시간을 훌쩍 넘겨 새벽까지 이어졌지. 다시 방송을 이어가겠다는 약속을 하고서야 그날 방송을 마칠 수 있었어.

생방송 138일의 기적

특별 생방송을 한 다음 날, 헤어진 가족을 찾는 사람들은 더 늘어났고, 다음 날도 그다음 날도 이어졌어. 무려 138일 동안, 453시간 45분 동안 생방송을 하게 된 거야. 이때 헤어진 가족을 찾아 달라고 신청한 게 10만 여(100,852) 건이고, 방송에서 소개한 가족이 5만여(53,534) 건이었으며, 실제로 만난 것도 만여(10,189) 건이나 돼. 방송에 소개되지 못한 사람들은 여의도 광장 바닥에 헤어진 가족의 이름을 써서 붙였어. 벽에도 붙이고, 판을 만들어 들고 있기도 했지.

kbs 방송국 앞 여의도 광장 바닥에 가득 놓인 헤어진 가족의 이름들

방송을 마친 지 2년이 지났을 때 북한 대표단이 서울에 왔어. 헤어진 가족들이 흘린 눈물에 남북의 태도가 바뀐 거야. 그동안 휴전선에 가로막혀 남북으로 헤어졌던 가족들도 이제 만날 수 있는 기회를 만들게 됐지.

　이 방송 기록은 방송 자료가 어마어마해. 방송을 녹화한 테이프, 방송 프로듀서의 업무 수첩, 헤어진 가족을 찾아 달라고 신청한 종이, 방송 진행 큐 시트, 방종 중에 틀었던 음악, 사진 등 모두 20,522건이나 돼. 이들 기록은 지구촌 사람들의 유산이 됐어. 전쟁이 얼마나 깊은 상처를 주는지 지구촌 사람들에게 다시 한번 일깨운 위대한 기록이야.

특별 생방송 기념 특집 앨범

유교책판은 유교에 관한 책을 찍어 내려고 만든 나무판이야. 사람들은 이걸 조상이 남긴 학문의 상징으로 생각해서 귀하게 여겼어. 그래서 유교책판을 물려받은 후손들은 대를 이어 유교책판을 보호해 왔어.

유교책판이 중요한 것은 공동체 출판이라는 독특한 방식 때문이야. 공동체를 이루고 사는 가문이나 문중 전체의 일이었거든. 유교책판을 만들 때는 한두 사람이 결정하는 게 아니라 모든 사람들의 의견을 물어 결정했어. 책 전체의 것이든 부분적인 내용이든 모든 걸 공동으로 한 거야. 세계적으로 예가 없는 유일한 출판 방식이지.

조선의 수많은 가문이 이런 식으로 6만 장이 넘는(64,226) 유교책판을 만들었어. 각 문중은 이들을 귀하게 보관해 왔고, 지금은 한국국학진흥원에서 한꺼번에 아울러 보관해. 5백 년 이상 유교라는 가치를 이어 온 사회가 맺은 열매야. 그 열매가 이제는 세계인의 유산이 되어 빛나고 있어.

13장

나라의 길잡이,
유교책판

어질게 살기

호호 할머니가 되어서도 학교에 다니는 사람이 있어. 그건 배우고 싶고, 배우는 게 즐겁기 때문일 거야. 2천 5백여 년 전에 중국에서 태어난 공자도 이런 말을 했어.

"배우고 때때로 익히면 즐겁지 아니한가?"

공자의 말이 지금까지 전해지는 건 글로 남겼기 때문이야. 공자 스스로 글을 많이 남겼지만, 공자가 세상을 떠난 뒤에 제자들이 공자의 말과 행동을 『논어』라는 책에 남겼어. 『논어』에 나오는 첫 글귀가 바로 이거야. 그렇다고 공자가 공부만 하라고 한 건 아니야.

"젊은이는 집에 들어오면 효도하고, 밖에 나가서는 우애 깊게 지내며, (말과 행동을) 조심스럽게 하고, 믿음이 있으며, 널리 대중을 아끼면서도 어진 사람을 가까이 해야 한다. 이것을 실천하고 남는 힘이 있으면 곧 글을 배워야 한다."

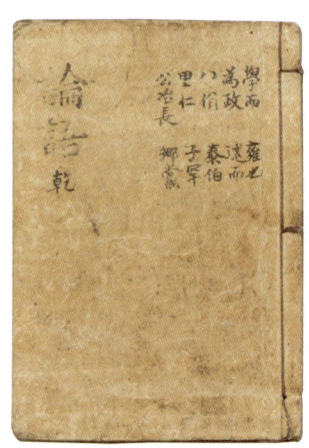

공자의 가르침을 담은 『논어』(왼쪽은 중국, 오른쪽은 우리나라 출간본)

공자는 효도와 우애를 말하고 어진 사람을 가까이 해야 한다고 했어. 그다음에 공부해야 한다고 했지. 그렇다면 공부보다 더 중요한 어진 것은 무얼까? 공자는 어떻게 사는 게 어질게 사는 건지 제자들과 후손들에게 가르침으로 남겼어. 그 가르침을 '유교'라고 불러. 그러니까 유교는 세상을 살아가는 데 필요한 것들을 실천하는 도덕 공부이자 정치 공부야.

공자의 가르침은 중국뿐 아니라 우리나라, 일본에도 널리 퍼졌어. 조선 시대에는 거의 모든 사람이 유교를 공부하고 공자의 가르침을 따라 어질게 살려고 노력했지. 한 가지 가치를 서로 나누면서 사람들은 강한 끈으로 연결되어 있었을 거야. 그럴 때 사람들은 혼자서는 생각지도 못하는 아주 큰일을 해낼 수 있게 돼. 고려 시대의 8만 장이 넘는 대장경판이 그랬어. 조선 시대에 6만 장이 넘는 유교책판이 바로 그런 거야.

공자

책으로 남기고 싶은 것

옛날에는 향교, 서원, 서당이나 집에서 글을 읽는 게 공부의 시작이었어. 공부를 하려면 책이 필요해. 책을 만들려고 나무판에 글자를 새긴 게 책판이야. 책판은 관아, 서원, 서당, 그리고 문중에서 만들었어. 그러다 보니 책판이 겹치면 낭비니까 나라에서 지방의 책판을 조사하기도 했지.

지금 전해 내려오는 유교책판은 3백여 문중과 서원에서 한국국학진흥원에 맡긴 거야. 모두 7백여 가지(718종)로 64,226장이나 돼. 어떤 책을 찍어 내려고 그 많은 책판을 만들었을까? 사서삼경이라고 많이들 들어서 제목은 알고 있을 거야. 『논어』, 『맹자』, 『중용』, 『대학』, 『시경』, 『서경』, 『역경』 같은 책들이지. 이 외에도 아이들을 가르치기 위해 펴낸 책판도 있고, 역사 책판, 지리 책판, 족보 책판 등 다양하게 전해 내려와.

시의 운을 찾기 위해 만든 『배자예부운략』

저것이 내가 과거 시험에 합격하게 해 준 책판이구나!

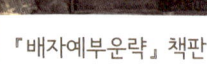

『배자예부운략』 책판

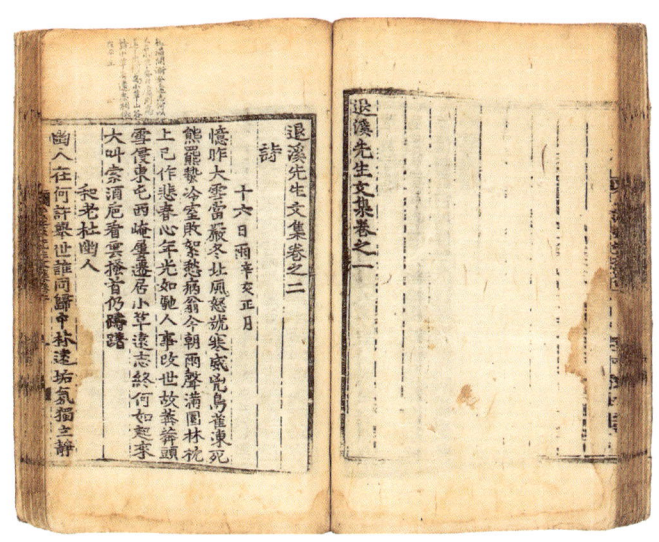
퇴계 이황 문집

글자의 운을 맞추는 사전의 책판도 있어. '배자예부운략'이라는 책판인데, 전해 내려오는 책판 중에 가장 오래된 거야. 옛날에는 글을 좀 읽은 사람들은 시를 지었는데, 시를 쓰려면 운을 맞추는 게 필요하잖아. 그래서 운율 사전이 필요했던 거지.

유교책판 중에서 가장 많은 것은 무엇보다도 개인 문집이야. 학교에서 학년이 올라가면 학급 문집을 내는 것처럼 옛날 사람들도 기념할 만한 일이 있을 때 문집을 냈어. 문집 중에는 학식이 높은 조선 시대 성리학자 퇴계 이황의 문집이 가장 많아.

이들 유교책판은 시대마다 아름다운 글씨체를 갖고 만들었어. 표지나 내용에 그림도 있는데, 글과 그림을 새긴 예술로 보아도 아주 멋있지. 게다가 지금도 찍어 낼 수 있을 정도로 책판 상태가 좋다고 해.

유교책판을 만들 때 가장 중요한 것은 어떻게 만들지 공동체의 생각을 서로 나누는 거야. 문중의 나이 많은 어른 한 사람이 정하는 게 아니라, 여러 사람이 생각을 나누고 회의를 한 뒤에 모든 걸 결정했어.

책의 내용을 정하는 것도 중요하지만 실제로 책판을 만들 나무와 판을 새길 사람과 장소 등 필요한 게 무척 많았어. 나무는 너무 물러도, 너무 단단해도 글씨를 새기기가 어려워. 또 뼈대와 옹이가 없는 목질이어야 해. 감나무, 피나무, 은행나무 같은 게 글을 새기기에 좋은 나무야.

나무를 베는 때도 계절을 잘 따져야 해. 봄에는 나무에 물이 많아서 적당하지 않아. 주로 가을이나 겨울에 나무를 베어 바다나 웅덩이 같은 데 몇 년씩 결을 삭여야 하지. 또 소금물에 절여 나무의 진을 뺀 다음, 몇 년 동안 비바람에 말려야 해. 고려의 대장경을 만들 때 나무판 준비와 같은 거야.

1. 나무판 준비

2. 글씨 쓰기

3. 나무판에 돋을새김

4. 유교책판에 인쇄

글씨를 쓸 사람과 글씨체를 정하면 같은 필체로 고르게 써야 해. 글씨를 완성하면 찍어 낼 책의 크기대로 준비된 나무판에 글씨 쓴 종이를 뒤집어 붙여. 그래야 찍었을 때 바른 글씨를 볼 수 있거든. 이제 도드라지게 새기면 돼. 글자를 새기는 것은 시간이 많이 걸리기 때문에 장인이 먹고 자며 일할 수 있는 곳도 마련해 줘야 해.

이런 모든 과정에는 비용이 엄청나게 들어가. 고려대장경처럼 나라에서 비용을 대 주지도 않는데, 그 많은 비용을 자체적으로 마련한다는 것은 쉬운 일이 아니야. 그런데도 '공동체 출판'이라는 열매를 맺은 건 대단한 협동이지. 무엇보다 어질게 살려는 가치를 모두 나누고 있기 때문에 가능한 일이었을 거야. 그런데 이런 방식이 조선 왕조 5백 년 이상 계속된 걸 보면, 삶의 철학과 전통을 생각하는 사람들의 집중력이 얼마나 뛰어난 건지 알 수 있어.

이렇게 귀하게 만든 유교책판이 전해 내려와도 후손이 알지 못하면 헛일이야. 유교책판의 모양은 꼭 빨래판처럼 생겼는데, 실제로 그 가치를 모르던 사람들이 빨래판으로 쓰기도 했어.

다행히 지금까지 유교책판을 잘 보살펴 물려준 분들이 많이 있었어. 덕분에 조선 사회의 열매가 이제는 지구촌의 유산이 됐지. 우리는 그걸 잘 보존하여 후손에게 물려줘야 할 거야.

부록

기록이 뭔데?

　사람들은 기록을 소중한 유산으로 여겨. 낡은 책 한 권을 보호하려고 집 10채 값을 선뜻 내기도 하잖아. 그게 위험한 일일 때도 말이야. 기록에 어떤 힘이 있기에 그런 걸까?

　아무리 기억을 잘하는 사람도 시간이 지나면 기억은 흐려지게 마련이야. 하지만 어딘가에 써 놓으면 시간이 많이 지나도 기억하기가 쉬워. 처음에 기록한 사람이 세상을 떠나도 후손들이 기억을 되살릴 수 있지. 기록한 사람의 후손뿐만 아니라, 지구 반대편에 있는 사람도 그 기록을 볼 수 있어.

　그러니까 일단 기록을 해 놓으면 어느 시대 사람이건, 어디에 사는 사람이건 원하는 사람은 다 볼 수 있는 길이 열리는 거야. 처음에 기록한 사람을 직접 만날 수 없더라도 시간에 상관없이, 장소에도 상관없이 그걸 나눌 수 있다는 건 참 대단한 힘이야.

　인류가 처음부터 기록을 하지는 않았을 거야. 중요한 걸 기억하려고 애쓰다 보니 기록의 방식이 점점 더 발전했겠지. 기록을 시작한 이래 인류의 역사는 대단한 기억을 해낼 수 있게 됐어. 수천 년 전 고대 수메르에서 학교를 결석한 아이가 아버지한테 꾸지람을 들었다는 사실까지 알 수 있지.

　그렇다고 기록이 영원한 건 아니야. 기록을 그냥 두면 사라지거나 망가질 수 있어. 나쁜 마음을 먹은 이가 훔쳐 갈 수도 있지. 그래서 기록도 다른 보물처럼 특별한 보호가 필요해. 더 많은 사람들이 정성을 다해 보호하면 더 오래, 더 잘 지킬 수 있을 테니까. 또 유산 가까이 있는 사람들뿐만 아니라 지구촌 어디에 사는 사람이라도 그 기록을 찾아볼 수 있어. 시간과 장소에 상관없이 지구촌 누구나 유산을 나눌 수 있는 거야.

기록은 꼭 글로 쓴 것만 말하지는 않아. 녹음을 한 것도 기록이고, 영상 자료도 기록이야. 책, 책판, 녹음테이프, 사진, 비디오테이프, CD, 음반, 이런 게 다 기록이지.

이 책에서 살펴본 기록 유산은 모두 유네스코가 정한 세계기록유산이야. 유네스코는 유엔(국제 연합)의 여러 기구 가운데 하나로, 국제연합교육과학문화기구(UNESCO: United Nations Educational, Scientific and Cultural Organization)의 영어 첫 글자를 따서 만든 이름이지. 유네스코에서는 인류에게 소중한 기록을 살펴서 2년에 한 번씩 세계기록유산(Memory of the World)을 정해. 세계적으로 중요하고 독특하며 다른 걸로 대체할 수 없는 귀한 기록을 가려 뽑는 거야. 세계기록유산으로 정하여 보호하는 것은 물론, 지구촌 어디에 살던지 모두가 함께 나누자는 뜻이야. 유산은 나눌 때 가치가 더 높아지니까. 그리고 후손들에게 물려주자는 뜻이야. 우리가 선조들한테 물려받은 것처럼 말이야.

유네스코 로고

유네스코는 왜 세계유산을 정하기 시작했을까?

1950년 이집트는 나일강에 댐을 지으려고 했어. 전기도 부족한데다 나일강이 마르면 농사지을 물이 부족했거든. 댐을 지으면 물이 떨어지는 힘으로 전기를 만들어 쓸 수 있고, 또 댐에 고여 있는 물을 원할 때면 아무 때나 끌어다 쓸 수 있으니 다 해결할 수 있잖아.

그런데 새로운 문제가 있었어. 강 주변에는 역사 유적과 커다란 신전이 있었는데 댐을 지으면 그게 다 물에 잠기는 거야. 유적지를 두고 마주 보는 두 나라, 이집트와 수단은 머리를 맞대고 고민했어. 그리고 유네스코에 도움을 청했지. 유네스코는 지구촌의 교육, 과학, 문화를 여러 나라가 어깨동무하고 서로 돕자는 뜻으로 만든 기구니까.

유네스코에서 조사를 하고, 생각을 나누고, 고민을 한 끝에 유산 구하기 운동을 벌였어. 50여 나라가 이 운동에 귀를 기울이고 관심을 두었지. 그 결과 8천만 달러가 모였고, 신전과 유적을 더 높은 곳으로 옮길 수 있었어. 어마어마하게 큰 신전을 원래 있던 곳보다 65미터 높은 곳으로 옮긴 거야.

현재의 아부심벨 모습

신전은 돌로 만든 아부심벨 신전이었는데 엄청나게 컸기 때문에 한꺼번에 옮길 수가 없었어. 그래서 30톤짜리 블록으로 자르니 1,036개나 됐어. 이걸 나누어 옮기고 송진으로 다시 붙였지. 수많은 사람이 땀을 흘린 결과 댐이 생겨도 이제 유적과 신전은 안전하게 된 거야.

유네스코의 아부심벨 프로젝트

이 일을 성공적으로 하고 나서 사람들은 알게 됐어. 힘을 모으면 세계 곳곳에 있는 유산을 보호할 수 있다는 걸 말이야. 그래서 1972년 '세계유산협약'이라는 약속을 하게 되었고, 1979년 처음으로 문화와 자연을 아우르는 '세계유산'을 정했지.

세계유산에 이어 1992년에는 지구촌의 기록 유산을 보호하고 또 모두가 나누기 위해 '세계기록유산사업(세계의 기억 사업)'을 시작했어. 이 사업은 1992년 동유럽 보스니아에서 일어난 내전 때문에 오래된 기록물 2백만 권이 모두 잿더미로 변해 버린 사건으로 인해 더 필요한 사업이 되었지. 인류의 정신적 자산인 기록 유산을 보존해야 한다는 게 확고해진 거야.

유네스코는 1995년에는 기록 유산의 목록을 만들었어. 인류의 문화를 잇는 중요한 유산인데도 상하기나 영원히 사라질 위험에 처해 있다면 유네스코가 앞장서서 보호하려는 거야. 안전하게 보호해서 후손들에게 물려주려는 거지. 그렇다고 꽁꽁 싸서 보호하기만 하려는 것은 아니야. 지구촌 어디에 살고 있는 사람이건 함께 나누려는 거야.

2003년에는 '인류무형문화유산협약'이라는 약속도 했어. 노래나 춤처럼 정해진 형태가 없는 인류의 유산도 인류무형문화유산으로 정하여 보호하자는 거야. 이렇게 하여 인류의 유산은 세계유산(문화유산, 자연유산, 복합유산), 세계기록유산, 인류무형문화유산으로 넓혀졌어.

# 세계기록유산 가려 뽑기

수많은 기록 중에 어떤 게 인류에게 소중한 유산일까? 유네스코에서 정하는 기준은 이래.

첫째, 기록이 진짜여야 해. 가짜도 진짜로 우기면 곤란하니까 진짜를 증명할 수 있어야 하지. 애초에 어떻게 생겨났는지를 밝힐 수 있다면 진짜라는 게 증명될 거야.

둘째, 독창적이고 다른 걸로 대신할 수 없어야 해. 독특하거나 유일하며, 대신할 만한 다른 게 없어야 유산의 가치가 높은 거야.

셋째, 유산이 있는 지역에도 소중하지만 지구촌 전체로 볼 때도 큰 영향을 준 중요한 유산이어야 해. 여기에는 자세한 기준이 있는데, 다음의 다섯 가지 기준 중에 적어도 한 가지 이상으로 중요하다는 걸 증명해야 해.

- 영향력 : 한 나라의 기록 유산이 세계의 역사에 중요한 영향력을 끼친 세계적인 중요성을 갖는 기록 유산인가?
- 시간 : 국제적으로 중요한 변화의 때를 잘 보여 주거나 인류 역사의 어떤 때에 세계를 이해할 수 있도록 두드러지게 이바지한 기록 유산인가?
- 장소 : 세계 역사와 문화의 발전에 중요한 기여를 한 어떤 장소와 지역의 중요한 정보를 담고 있는 기록 유산인가?
- 사람 : 전 세계 역사와 문화에 커다란 기여를 했던 한 사람이나 여러 사람들의 삶과 업적과 특별한 관계가 있는 기록 유산인가?
- 대상/주제 : 세계 역사와 문화의 중요한 주제를 잘 다룬 기록 유산인가?
- 형태와 스타일 : 형태와 스타일에서 중요한 표본이 되는 기록 유산인가?

 이들 기준 외에도 보조 요건이 또 있어. 얼마나 희귀한 것인가, 원 상태로 보존을 잘했는가, 위험한 것에 대해 안전 조치는 알맞게 되어 있는가, 그리고 유산의 가치에 걸맞은 보호 계획이 있는가 하는 것도 기록 유산을 가려 뽑는 기준이야.

 이런 걸 다 갖추고 있어야 비로소 유네스코의 세계기록유산이 되는 거야. 이렇게 세계기록유산을 가려 뽑는 덕분에 지구촌 사람들은 세계기록유산을 더 잘 보호하며 후손에게 전해 줄 수 있어. 또한 누구나 기록 유산을 즐길 수 있게 됐지.

세계기록유산의 종류

기록 유산은 여러 가지 모양이야. 어떤 형태로든 기록을 담고 있는데, 한 가지 기록일 수도 있고, 여러 기록을 모은 덩어리일 수도 있어. 자세하게 살펴보자면 이런 것들이야.

- 필사본(글이나 그림을 원본처럼 쓰거나 그린 것), 책, 신문, 포스터 등 기록이 담긴 자료와 플라스틱, 파피루스, 양피지, 야자 잎, 나무껍질, 섬유, 돌 또는 기타의 자료로 기록이 남아 있는 자료
- 그림, 프린트, 지도, 음악 등 문자가 아닌 자료
- 영상 이미지
- 오디오, 비디오, 원문과 아날로그 또는 디지털 형태 등, 모든 종류의 전자 데이터

이렇게 갖가지 모양으로 세계기록유산은 전해 내려와.

세계기록유산은 상징하는 도안이 있어. 이 도안은 기억 사이에 있는 빈 공간, 기억을 잃어버렸다는 것을 그림으로 나타낸 거야. 2009년부터 이 도안이 세계기록유산을 상징하고 있어. 하이코 휴너코프(Heiko Huennerkopf)라는 사람의 작품이야.

Memory of the World
세계기록유산 상징 도안

입에서 입으로 전해 내려오던 역사가 기록되기 시작한 것은 양피지와 파피루스 종이가 발명되면서부터야. 이게 바로 도안의 기초가 되었다고 해. 두루마리 형태의 문양은 저작권을 뜻하기도 하며, 동시에 지구, 축음기, 두루마리 필름, 그리고 원반을 나타내기도 해. 세계기록유산은 실제로 이런 다양한 형태로 전해 내려오고 있어.

자연유산인 제주 용암 동굴 만장굴 　　문화유산인 수원화성　　자연유산인 제주 한라산

　세계기록유산 말고도 유네스코는 다른 세계유산을 정해서 보호해. 형태가 없어서 만질 수 없는 인류무형문화유산이 그중 하나야. 춤이나 노래처럼 전통문화인 동시에 살아 있는 문화 같은 것들이지. 사람들이 환경, 자연, 역사에 따라 끊임없이 새로 창조해 낸 여러 가지 지식과 기술, 공연 예술, 문화적인 표현 등을 다 아우르는 거야. 입에서 입으로 전해지는 경우가 많은데, 주로 떼를 지어 하는 것들이야.

　우리나라의 인류무형문화유산에는 줄다리기, 농악, 김장, 아리랑, 줄타기, 태껸, 한산 모시 짜기, 매사냥, 가곡, 대목장(한국의 전통 목조 건물을 짓는 목수), 처용춤, 강강술래, 제주 칠머리당 영등굿, 남사당놀이, 영산재, 강릉단오제, 판소리, 종묘 제례와 종묘 제례 음악 등이 있어.

　또 문화유산, 자연유산, 복합유산으로 이루어진 세계유산이 있어. 인류 모두에게 두루 미치는 가치가 높은 유산을 골라 정한 거야. 유산이 갖고 있는 특성에 따라 문화유산, 자연유산, 복합유산으로 나눈 거지. 우리나라에는 어떤 유산이 있는지 보면 쉽게 알 수 있어.

　우리나라의 문화유산은 해인사 장경판전, 종묘, 석굴암과 불국사, 창덕궁, 수원화성, 경주 역사 지구, 고창 화순 강화의 고인돌 유적, 조선 왕릉, 하회와 양동 역사 마을, 남한산성, 백제 역사 유적 지구 등이야.

　우리나라의 자연유산은 제주 화산섬과 용암 동굴이지.

다른 기록 유산 (2016~2017년 등재를 신청한 기록)

1) 조선 왕조 어보와 어책

어보는 조선 시대 왕과 왕의 가족을 상징하는 커다란 도장이야. 임금의 도장은 두 가지인데 나랏일에 쓰는 도장인 국새와는 다르게, 어보는 왕실의 행사가 있을 때 쓰는 도장이지. 어보의 몸통은 거북 모양으로 장식했어. 조선이 대한 제국으로 바뀌면서는 거북 대신에 황제를 뜻하는 용 모양 장식을 썼지.

옥으로 만든 명성왕후 옥보 안쪽 도장

어보는 당대 최고의 장인들이 옥과 같은 고급 재료를 쓰거나 겉에 금을 입혀 만들기도 했어. 그동안 어보는 모두 366점을 만들었는데, 어보의 주인이 세상을 떠나면 종묘에 보관했지. 몇 가지는 잃어버렸지만 지금까지도 323점이 남아 있어. 대부분 국립고궁박물관에 있고, 국립중앙박물관, 고려대박물관, 미국 로스앤젤레스 카운티미술관에 흩어져 있지.

어책은 왕실에서 이름을 올리는 글을 새겨 임금님이 내리는 첩이야. 어떤 이름을 올리는 건가 하면, 왕실의 어른이 돌아가셨을 때 존경의 뜻을 담아 새 이름을 지어 올리기도 하고, 묘지에 바치는 이름을 새로 지어 올리기도 한 거야. 또 세자, 세자빈을 책봉할 때도 대나무에 이름을 써서 어책을 내렸지. 임금님이 어책을 내리는 것은 그 자리가 얼마나 귀한 자리인지 알려 주고, 자리에 걸맞은 책임을 다하도록 깨우치려는 거야. 학교에서 반장이

금으로 만은 중종 어보

166

된 사람한테 반장이라는 임명장을 주는 것과 비슷해. 지금까지 어책은 국립고궁박물관에 있는 옥으로 만든 어책 256책과, 대나무로 만든 죽책 39책, 겉에 금박을 입힌 금책 3책을 비롯해 모두 326책이 전해지고 있어.

어보와 어책은 독특하고 창의적이고 아름다우며, 조선 왕조와 대한 제국의 역사, 그리고 세계의 역사에서 중요한 기록이야.

영조 때 정조를 세자로 책봉하면서 내린 정조 죽책

2) 국채보상운동 기록물

일제가 우리나라를 강제로 차지한 때, 일제는 우리나라가 돈을 억지로 꾸게 만들었어. 1907년 어쩔 수 없이 일본에 돈을 빚지게 되자 그걸 갚으려는 시민운동이 시작된 거야. 담배를 피우는 사람은 담배를 끊고, 값나가는 장신구가 있는 사람은 그걸 내놨어. 돈을 아끼고 돈을 마련해 나라 빚을 갚으려는 거야.

이 운동을 알리려고 사람들에게 돌린 안내문과 성금을 낸 영수증, 모금에 쓴 장부, 신문이나 잡지에서 알린 내용, 정부 기록 등이 다 포함된 기록물이야. 전 국민이 자발적이며 평화적으로 참여한 기부 운동은 독특하고 창의적인 시민운동으로 퍼졌어. 세계 역사

성금 영수증(1907년)

에서도 중요하고 독창적이며 절약, 나눔, 공동체 의식이라는 인류의 가치를 잘 드러낸 기록물이야.

3) 일제의 성노예 기록물(8개국 공동)

기록 유산은 아름답고 보기 좋은 기록만이 아니야. 부끄러운 역사, 아픈 역사의 현장을 기록한 것이야말로 현재를 살아가는 사람들과 미래를 살게 될 후손들이 잊지 않고 교훈으로 기억해야 하는 소중한 유산이야.

일본 제국주의가 힘을 가졌을 때 일제는 사람으로서 하면 절대 안 되는 아주 나쁜 일을 저질렀어. 아시아를 비롯하여 세상의 수많은 어린 여성들을 강제로 끌고 가서 일본군의 성노예로 만든 거야. 인권을 무참하게 짓밟은 이 일은 세상 사람들에게 제대로 알려져야 해. 그래서 다시는 이런 일이 일어나지 않아야 하고, 피해 입은 사람들의 명예도 되찾아야 해.

이와 관련된 기록물은 피해를 당한 사람들은 물론이고 피해를 준 사람들 본인과 그 후손들에게도 소중한 유산이야. 감추지 않고 드러내 반성해야 하니까.

정문에 '몸도 마음도 바치는 일본 여성의 서비스'라고 적힌 위안소

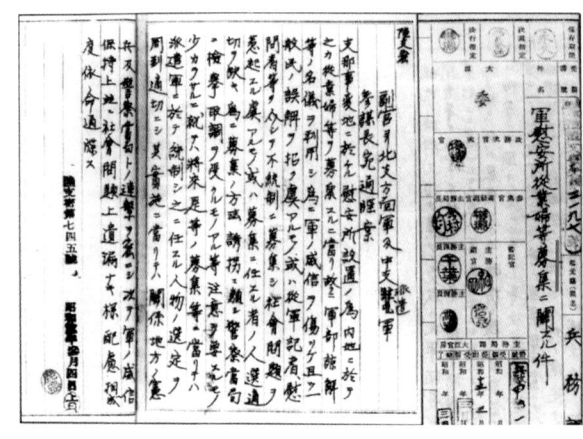

1938년 일본군의 위안부 모집 명령서

4) 조선 통신사 기록물(한일 공동)

　조선과 일본은 사이좋게 지내는 외교를 펼친 때가 있었어. 그래서 서로 사신을 보내기로 했지. 이때 조선 국왕이 일본의 막부 장군에게 보내는 사절을 통신사라고 불렀고, 막부 장군이 조선 국왕에게 보내는 사절을 일본국왕사라고 불렀어.

　조선 통신사는 1607년부터 1811년까지 12차례 파견됐는데, 조선 통신사의 외교, 여정, 문화 교류의 기록이 지금까지 많이 남아 있어. 통신사는 일본에 가는 곳마다 글씨, 시, 서화 등 많은 작품을 남겼거든. 한국과 일본에 지금까지 남아 전해지는 기록이 111건 333점이야. 한국 측 63건 124점, 일본 측 48건 209점 등이지. 이것은 당시 두 나라가 문화를 서로 나누었다는 것을 보여 주는 기록 유산이야.

일본 시내를 행렬하는 조선 통신사의 모습을 그린 그림

참고한 자료

1장. 조선왕조실록

- 『광해군일기』 정초본 20권, 광해 1년 9월 25일 기록, 1609
- 『예종실록』 5권, 예종 1년 4월 27일 기록, 1469
- 『전통 명품의 보고 규장각』 신병주, 살림출판사, 2013
- 『조선왕조실록 수록 국왕 전기 자료의 서지적 연구』 이형유, 성균관대학교 문헌정보학과 석사 학위 논문, 2013
- 『조선왕조실록의 풍수지리 문헌 연구』 장성규, 공주대학교 대학원 박사 학위 논문, 2013
- 『중종실록』 73권, 중종 28년 2월 11일 기록, 1533
- 『태종실록』 1권, 태종 1년 3월 23일 기록, 4월 29일 1번째 기록, 5월 8일 기록, 1401
- 『태종실록』 7권, 태종 4년 2월 8일 기록, 1404
- 『태종실록』 21권, 태종 11년 2월 22일 기록, 1411
- 『태종실록』 24권, 태종 12년 12월 10일 기록, 1412
- 『태종실록』 26권, 태종 13년 11월 5일 기록, 1413
- 『태종실록』 27권, 태종 14년 5월 3일 기록, 1414
- 『세종실록』 11권, 세종 3년 3월 14일 기록, 1421
- 『세종실록』 128권, 오례, 길례 서례 제기도설 상준
- 국사편찬위원회 조선왕조실록 홈페이지 http://sillok.history.go.kr
- 한국학중앙연구원-한민족문화대백과사전 http://www.aks.ac.kr

2장. 훈민정음해례본

- 『세종실록』 102권, 세종 25년 12월 30일 기록, 1443
- 『세종실록』 113권, 세종 28년 9월 29일 기록, 1446
- 『한국의 기록 유산』 김문기, 글누림출판사, 2015
- 『한국의 세계유산』 문화재청 엮음, 눌와, 2010
- 『훈민정음: 사진과 기록으로 읽는 한글의 역사』 김주원, 민음사, 2013
- 『훈민정음의 철학 사상에 관한 연구: 이리와 성리학을 중심으로』 이성구, 명지대학교 국어국문학과 박사 학위 논문, 1984
- 유네스코와 유산 홈페이지 http://heritage.unesco.or.kr

3장. 불조직지심체요절

- 『병인년, 프랑스가 조선을 침노하다』 박병선, 태학사, 2008
- 『용재총화』 성현, 김남이·전지원 외 옮김, 휴머니스트, 2015
- 『우리 문화의 우수성에 대한 사례 연구』 박경희, 부산대학교 석사 학위 논문, 2006
- 『잃어버린 직지를 찾아서』 이세열, 이담북스, 2009
- 『직지: 백운화상초록불조직지심체요절』 청주고인쇄박물관, 2008
- 『프랑스 군인 쥐베르가 기록한 병인양요』 앙리 쥐베르, 유소연 옮김, 살림출판사, 2010
- 동아일보 홈페이지 http://news.donga.com
- 청주고인쇄박물관 금속 활자 전수관 홈페이지 http://jikjiworld.cheongju.go.kr
- 한겨레신문 커뮤니티 http://c.hani.co.kr

4장. 승정원일기

- 『승정원일기 소통의 정치를 논하다』 박홍갑 외 2인, 산처럼, 2009
- 『영조실록』 6권, 영조 1년 6월 11일 기록, 1725
- 『영조실록』 47권, 영조 14년 1월 21일 기록, 1738
- 『영조실록』 53권, 영조 17년 6월 22일 기록, 1741
- 『인조실록』 24권, 인조 9년 4월 4일 기록, 1631
- 『후설』 한국고전번역원 승정원일기 번역팀 엮음, 한국고전번역원, 2013
- 국사편찬위원회 승정원일기 홈페이지 http://sjw.history.go.kr
- 문화재청 홈페이지 http://www.cha.go.kr
- 서울대학교 규장각한국학연구원 홈페이지 http://kyujanggak.snu.ac.kr
- 한국역대인물 종합정보시스템 홈페이지 http://people.aks.ac.kr

5장. 고려 대장경판 및 여러 경판

- '대장경이 무사한 까닭은?' 유익서, 부산일보 4월 24일자 기사, 2003
- 『세종실록』 22권, 세종 5년 12월 27일 기록, 1423
- 『세종실록』 23권, 세종 6년 1월 2일 기록, 세종 6년 1월 8일 기록, 1424
- 『세종실록』 26권, 세종 6년 12월 17일 기록, 1424
- 『세종실록』 28권, 세종 7년 5월 11일 기록, 1425

- 『역사가 새겨진 나무 이야기』 박상진, 김영사, 2004
- 『유네스코 세계유산 동아시아』 중앙일보, 중앙M&B, 2000
- 『태조실록』 14권, 태조 7년 5월 12일 기록, 1398
- 『해인사 장경판전』 옛터건축사사무소조사 편집, 해인사문화재청, 2002

6장. 조선 왕조 의궤

- 『외규장각 도서를 찾아서: 왕조의 유산』 이태진, 지식산업사, 1994
- 『외규장각 의궤 조사 연구』 김문식 외 4인, 외교통상부, 2003
- 『의궤: 조선 왕실 기록 문화의 꽃』 김문식·신병주, 돌베개, 2005
- 『조선 왕조 의궤』 한영우, 일지사, 2005
- 서울대학교 규장각한국학연구원 의궤종합정보 http://kyujanggak.snu.ac.kr

7장. 동의보감

- 『광해군일기』 정초본 22권, 광해 1년 11월 22일 기록, 1609
- 『광해군일기』 정초본 32권, 광해 2년 8월 6일 기록, 1610
- 『동의보감과 동아시아 의학사』 신동원, 들녘, 2015
- 『선조실록』 195권, 선조 39년 1월 3일 기록, 1606
- 『조선 사람 허준』 신동원, 한겨레출판사, 2001

8장. 5.18 민주화 운동 기록물

- 5.18기념재단 홈페이지 http://www.518mf.org
- 광주 광역시 5.18기념문화센터 홈페이지 http://518center.gwangju.go.kr

9장. 일성록

- 『규장각에서 찾은 조선의 명품들』 신병주, 책과함께, 2007
- 『이산 정조대왕: 조선의 이노베이터』 이상각, 추수밭, 2007
- 『조선 왕실의 의례와 생활, 궁중 문화』 신명호, 돌베개, 2002
- 『조선 후기 국사 체계의 변동에 관한 시론-실록에서 일성록으로』 오향녕, 한국역사연구회, 2004

- 『조선 후기 기록물 편찬과 관리』 신병주, 한국기록학회, 한국고전번역원, 2007

10장. 난중일기

- 『선조실록』 27권, 선조 25년 6월 21일 기록, 1592
- 『난중일기』 이순신, 고산고정일 역해, 동서문화사, 2014
- 『이순신의 난중일기 완역본』 노승석 옮김, 동아일보사, 2005
- 『징비록』 유성룡, 김흥식 옮김, 서해문집, 2014

11장. 새마을운동 기록물

- '경상북도, 새마을 세계화 로드맵' 쿠키뉴스 5월 9일 기사, 2016
- '그때 그 시절 생활사 반세기 변화와 아쉬움의 시대, 역사 뒤안길로' 경향신문 12월 25일 기사, 1999
- '농촌 풍속도 21 앰프시설 상. 마을의 하루를 깨우는 전령' 경향신문 6월 23일 기사, 1977
- '코이카 oda현장. 미얀마 네피도 마을에 울린 새마을운동 노래' 서울경제신문 6월 13일 기사, 2016

12장. KBS 특별 생방송 이산가족 찾기

- KBS 아카이브 이산가족찾기 홈페이지 http://family.kbsarchive.com

13장. 유교책판

- 『논어』 공자, 김원중 옮김, 글항아리, 2012
- 『유교 사회와 책판 제작의 사회 문화사적 의의: 선생 문집 개간 일기를 중심으로』 김순석, 한국학연구 32호, 2014
- 『조선 후기 책판의 간행 공간에 관한 연구: 한국국학진흥원 소장 책판을 중심으로』 손계영, 서지학연구 49호, 2011
- 『책판의 연구 영역 설정과 그 과제』 류탁일, 국학연구 6호, 2005
- 『한국 책판 문양에 관한 연구』 김경희, 경성대학교 산업대학원 산업디자인학과 석사 학위 논문, 1991논문, 1991

사진 출처

16p 세종실록 ⓒ 국사편찬위원회, 18p 광해군일기 ⓒ 국사편찬위원회, 19p 중종실록 ⓒ 국사편찬위원회, 20p 가장사초 ⓒ 국립고궁박물관, 25p 조선왕조실록 홈페이지 ⓒ 국사편찬위원회, 26p 태조실록 ⓒ 국사편찬위원회, 33p 세검정과 조지서 ⓒ 국립민속박물관, 35p 철종대왕애책문 ⓒ 국립고궁박물관, 58p, 62p 직지 ⓒ 국제기록문화전시회, 70p 승정원일기 ⓒ 규장각, 영조실록 ⓒ 국사편찬위원회, 81p 조보 ⓒ 국립민속박물관, 99p 영조대왕태실난간조배의궤 ⓒ 청주고인쇄박물관, 창덕궁수리도감의궤 ⓒ 국립고궁박물관, 100p 진찬의궤 ⓒ 국립민속박물관, 117, 118p 민주화 시위 ⓒ 5.18기념재단, 119p 노태우, 전두환 선고 공판 ⓒ 공공누리, 136~140p 새마을운동 ⓒ 서울사진아카이브, 142~146p 이산가족 찾기 ⓒ 서울사진아카이브, 147p 특별 생방송 기념 특집 앨범 ⓒ 국립민속박물관, 150p 논어(오른쪽) ⓒ 국립민속박물관, 166p 중종 어보 ⓒ 국립고궁박물관, 167p 정조죽책 ⓒ 국립고궁박물관, 국채보상 영수증 ⓒ 국채보상운동기념관

■ **문화재청**

10p, 13p 조선왕조실록, 20p 정태제 사초, 21p 승정원일기, 비변사등록, 26p 세종실록, 28p 중종대왕실록, 29p 오대산 사고지, 31p 명종대왕실록, 선조소경대왕실록, 선조소경대왕수정실록, 광해군일기, 36~43p, 훈민정음해례본, 44p 월인석보, 54p 해인사 팔만대장경 경판, 50~57p 직지, 59p 남명천화상송증도가, 66~79p 승정원일기, 82~89p 대장경판, 90~92p 해인사 장경판전, 94p 의궤, 100p 부모도감의궤, 110p 동의보감, 120~126p 일성록, 128p 난중일기, 131p 이순신 초상화, 134~135p 난중일기, 148p 유교책판, 152p 배자예부운략과 책판, 165p 제주 만장굴, 제주 한라산

■ 국립중앙박물관

53p 고려 금속 활자, 59p 동국이상국집, 60p 용재총화, 69p 동몽선습, 96~97p 정조대왕 능행 반차도, 101p 현목수빈휘경원원소도감의궤, 102p 의소세손예장도감의궤, 103p 숙종인현왕후가례도감의궤, 104, 111p 동의보감, 153p 퇴계 이황 문집, 166p 명성왕후 옥보

■ wikimedia commons

14p 일본삼대실록, 40p 훈민정음 언해본, 41p 정인지 서문, 55p 장 앙리 쥐베르의 스케치, 56p 구텐베르크, 불가타 성서, 106p 신형장부도, 114, 117p 5.18 민주화 운동, 150p 논어(왼쪽), 151p 공자, 159p 유네스코 로고, 160p 현재의 아부심벨 ⓒ PHedwig Storch, 161p 유네스코의 아부심벨 프로젝트 ⓒ Per-Olow Anderson, 164p 세계기록유산 상징 도안, 165p 수원화성, 168p 위안소, 위안부 모집 명령서, 169p 조선 통신사 그림